JULES DESTR[ÉE]

EN ITALIE

PENDANT LA GUERRE

DE LA DÉCLARATION DE GUERRE A L'AUTRICHE (Mai 1915)

A LA

DÉCLARATION DE GUERRE A L'ALLEMAGNE (Août 1916)

BRUXELLES ET PARIS

LIBRAIRIE D'ART ET D'HISTOIRE

G. VAN OEST ET Cⁱᵉ, ÉDITEURS

1916

DU MÊME AUTEUR

CHEZ LES ÉDITEURS G. VAN OEST ET Cⁱᵉ

En Italie avant la guerre, 1915.
Les Socialistes et la guerre, 1915.
L'Effort britannique, 1916.
Villes wallonnes, — dans la Collection des *Villes meurtries de Belgique*, 1916.
Opinions italiennes, dans la Collection des *Opinions internationales sur la Belgique*, 1916.

PUBLICATIONS ITALIENNES

Le atrocità tedesche, Milan, 1914.
Belgio e Germania, Milan, 1915.
Un Belga in Italia avanti la guerra, Milan, 1915.
I Socialisti e la guerra, Milan, 1915.
I Cattolici e il Belgio, Roma, 1916.
Cio che hanno fatto gli Inglesi, Milan, 1916.
Il drammatico matrimonio della Principessa Belgia e del Cavaliere Onore, Roma, 1916.
La suprema resistenza della nazionalita belga, Roma, 1916.
L'Italia per il Belgio, Milan, 1916.
Il principio delle nazionalita e il Belgio, Catania, 1916.

EN ITALIE

PENDANT LA GUERRE

MACON, PROTAT FRÈRES, IMPRIMEURS

JULES DESTRÉE

EN ITALIE

PENDANT LA GUERRE

DE LA DÉCLARATION DE GUERRE A L'AUTRICHE (Mai 1915)

A LA

DÉCLARATION DE GUERRE A L'ALLEMAGNE (Août 1916).

BRUXELLES ET PARIS

LIBRAIRIE D'ART ET D'HISTOIRE

G. VAN OEST ET Cie, ÉDITEURS

1916

A ma femme, ces notes, écrites loin d'elle et pour elle, sont dédiées. Nous avions espéré pouvoir passer ensemble les dernières heures de notre journée. Elle et moi, cependant, nous avons accepté l'éloignement douloureux, pour qu'elle pût continuer à être utile à Londres, à nos soldats et à nos artistes. Et nous avons tous deux servi, dans la tourmente, de notre mieux, la patrie.

I.

Turin, 12 juillet 1915.

Je reviens vers cette Italie où j'ai vécu de si
fortes heures [1]. J'y reviens, non plus pour lui
demander pour mon pays une sympathie qu'elle
n'a point marchandée, mais pour lui montrer une
âme reconnaissante et fidèle. « Revenez-nous,
m'avait dit une vieille dame à l'esprit clair et
charmant, les Italiens vont avoir besoin de discours autant que de munitions ». Il pouvait y avoir
de la vérité dans ce propos. Ce peuple à l'imagination facile et ardente est prompt à s'enthousias-
mer, mais peut-être est-il aussi accessible à l'inquiétude et au découragement. Il n'a pas le flegme et
l'opiniâtreté des gens du Nord. Il est infiniment
sensible aux paroles qui réconfortent.

Une sympathie dans l'épreuve est toujours précieuse ; elle l'est surtout pour ceux d'ici. En
partageant leurs angoisses, je leur montrerai mieux
que moi aussi je les aime. Je leur parlerai de la
Belgique encore, et je leur dirai aussi ce que mes
yeux ont vu en Angleterre et en France, toutes
les fortes raisons de confiance et d'espoir. Les

1. *En Italie avant la guerre*, Paris, Van Oest, 1915.

Belges que la guerre a chassés de leurs foyers et a dispersés par le monde, peuvent être, dans des conditions particulièrement favorables, les missionnaires de cette confiance internationale si nécessaire aujourd'hui. Les gouvernements ont contracté des alliances, mais ces accords, pour être durables et produire tous leurs effets, doivent être compris et sanctionnés par les peuples. Des phrases officielles peuvent exprimer des réalités ; elles ne suffisent pas à les créer. Et ce serait un pauvre lien entre les Alliés si celui qui les unit n'était fait que du désir de se protéger contre un péril commun. Il faut plus. Il faut un rapprochement sincère et profond des diverses nations. Elles se doivent estimer et connaître. Elles doivent comprendre qu'elles ne sont pas identiques et qu'il y a, dans chaque pays, des traditions et des tempéraments différents. Différences qui donnent à chaque activité une physionomie particulière, mais qui ne peuvent faire suspecter la loyauté et le ferme propos d'atteindre au résultat souhaité. Puisque les circonstances me permettent d'être, en Italie, le témoin de l'Angleterre et de la France, n'est-ce pas un devoir vis-à-vis de mes amis italiens ? Le peu, l'infiniment peu que je puis apporter dans cette lutte formidable, je veux le leur donner sans réserve, dans un sentiment de solidarité fraternelle. En luttant avec eux, au milieu d'eux, par les seules armes qui me soient accordées encore : parole et plume, c'est pour mon pays que je lutte. Et j'entends par mon pays non seulement cette terre belge envahie et opprimée, mais de façon plus humaine et plus large, la patrie même de toutes les âmes libres, éprises d'un idéal de justice, de progrès et de paix.

II

Turin, 17 juillet 1915.

Les gens du Piémont se désignent volontiers par cette épithète populaire dans leur dialecte : les *bougianen*, céux qui ne bougent pas. Et, en effet, ils se distinguent nettement, par leur lenteur à s'émouvoir, des populations à l'esprit mobile et inflammable qui composent la majorité de la nation italienne. Ils ont été les plus hostiles à la guerre et les derniers à accepter les fatalités qui y poussaient l'Italie. Une vieille aristocratie terrienne, surtout cléricale, une oligarchie bourgeoise de gens d'affaires, un parti socialiste résolument et systématiquement antimilitariste, exerçaient, chacun dans la sphère de ses influences, une action très puissante en faveur de la neutralité.

Je reviens dans ces milieux après six semaines de guerre. Les changements sont notables. Les discussions ont cessé devant le fait accompli. La nécessité de l'union et de la concorde nationale est comprise par tous. L'excellence de la guerre est la vérité officielle à la propagation de laquelle s'emploient tous les personnages importants et les gens en place. S'il en est encore qui ne sont pas convaincus, ils se taisent avec prudence pour ne pas froisser le sentiment public.

Rien n'est plus caractéristique, à cet égard, que l'évolution de M. Giolitti et de ses partisans. Depuis son échec sensationnel de mai dernier, le vieux dictateur s'était terré dans sa résidence de Cavour et n'avait plus donné signe de vie. Les journaux annoncèrent, récemment, qu'il prendrait la parole au conseil provincial de Cuneo pour expliquer sa politique, et l'on s'attendit à une recrudescence de controverses. Appréhensions injustifiées. M. Giolitti est trop fin pour se mettre en travers du courant patriotique actuel. Il a préféré une attitude de soumission qui, étant donnés son passé et son caractère, semble un peu exagérée pour être tout à fait sincère. Il a, dans un bref discours, demandé au conseil provincial de voter des crédits pour des œuvres connexes à la guerre, « cette guerre juste entreprise par l'Italie afin de rentrer dans ses frontières naturelles, cette guerre entreprise pour la défense du Droit et de la Civilisation ». Il a recommandé l'obéissance au roi et la confiance dans le gouvernement. Tout cela fut d'un loyalisme parfait. M. Giolitti en prévint par dépêche le roi et le président du Conseil. On a publié les télégrammes qu'il reçut en réponse. Celui de M. Salandra reproduit, mot pour mot, avec un esprit d'ironie froide, le texte de la délibération proposée par M. Giolitti : « La guerre juste pour », etc. Accord complet et amusant épilogue de discussions passionnées qui remontent à deux mois à peine et qu'on décide, de part et d'autre, d'oublier. Oublions-les donc, et admettons qu'il n'y ait plus de ce côté aucune résistance.

*
* *

Je n'oserais pas en dire autant des catholiques. Assurément, ils ne protestent plus contre la guerre et il serait déplacé de les accuser de manquer à leurs devoirs patriotiques. Mais il serait puéril de croire que parmi les catholiques, tout le monde comprend les nécessités italiennes.

Quant aux socialistes officiels, ils n'ont rien fait pour contrarier l'élan national, reconnaissons-le, mais ils n'ont rien fait non plus pour le soutenir et le fortifier. Certains conseils communaux, notamment celui de Milan, ont décidé d'organiser avec bon vouloir les œuvres d'assistance civile rendues nécessaires par la guerre, et cela a pu passer, aux yeux de certains, pour une évolution. Mais il suffit de lire le quotidien socialiste l'*Avanti* pour apercevoir aussitôt combien le ralliement national est insuffisant de ce côté. Rien que dans sa façon d'annoncer les nouvelles de la guerre, l'*Avanti* manifeste sans vergogne une sympathie progermanique et, dans un article de fond de ces jours derniers, après avoir fait un éloge de la résistance de l'Allemagne à ses ennemis, il parlait des « merveilleux sous-marins qui tiennent en échec la flotte anglaise ». Notons que cet admirateur, pas dégoûté, de l'ennemi, se refuse à imprimer le moindre adjectif élogieux pour les troupes italiennes !

Vraiment, pareille attitude est étrange. Où elle est dangereuse, c'est dans l'exagération systématique de l'importance des manifestations qui ont surgi, en Allemagne, de la part de quelques socialiste isolés. L'*Avanti* ne cesse de célébrer, à cette occasion, le réveil de l'Internationale. Singulière façon de stimuler l'énergie d'un prolétariat que de lui faire miroiter les illusions insidieuses de la fraternité avec l'ennemi !

L'*Avanti* pourrait répondre, sans doute, que l'Italie n'est pas encore en guerre avec l'Allemagne. Il aurait raison. En effet, la guerre n'est pas déclarée. Et c'est un des aspects les plus troublants de la situation présente. En fait, nul ne l'ignore, la guerre avec l'Autriche avait pour conséquence fatale la guerre avec l'Allemagne, et les deux Empires Centraux, ainsi que leur acolyte le Turc, s'aident déjà de leur mieux. Des soldats mecklembourgeois ont été faits prisonniers par les Italiens ; des secours allemands sont arrivés à Pola, et des officiers allemands commandent les rebelles qui s'agitent en Libye. La presse et l'opinion ne distinguent pas entre les deux variétés du tudesque : l'Allemand et l'Autrichien. C'est la guerre ouverte. Cependant, l'Allemagne n'a rien dit encore et l'Italie non plus. Pourquoi ? Je n'ai entendu, jusqu'ici, donner aucune explication plausible de cette énigme, et je préfère attendre, avec confiance dans un gouvernement qui nous a déjà donné des preuves de son habileté et de la nécessité de la discrétion.

Toutefois, reconnaissons que cette ambiguïté crée dans l'opinion italienne un malaise qui pourrait gagner l'opinion européenne. Il y a un danger grave à laisser croire que l'Italie fait à l'Autriche une guerre séparée, distincte du grand conflit.

Les neutralistes de jadis pourraient profiter de cette conception pour ressusciter, sans crainte d'être accusés de lèse-patriotisme, leur opposition passée. Et ce seraient de nouvelles querelles.

*
* *

Je connais trop les sentiments généreux qui ont poussé l'Italie à intervenir pour ne pas être assuré qu'elle est loyalement, complètement, indissolublement avec les alliés, et il ne faut pas être grand clerc pour comprendre qu'elle a maintenant un intérêt vital, comme tous les autres peuples d'Europe, à en finir avec l'impérialisme allemand. Aussi je suis persuadé que nous apprendrons très prochainement des actes décisifs qui uniront la conscience nationale dans une situation parfaitement nette et indiscutable et qui grandiront encore la sympathie et l'admiration des peuples alliés pour l'Italie.

*
* *

Mais je reconnais que mon optimisme n'est pas généralement partagé. Le *Libro Verde*, recueil de la correspondance diplomatique entre l'Italie et l'Autriche, qui vient de paraître et d'être distribué à profusion pour expliquer les raisons de la guerre, n'est pas sans fournir des arguments à ceux qui doutent et qui s'inquiètent. Il en résulte, certes, très clairement que l'Italie était dans son droit en dénonçant le traité de la Triple Alliance, et l'on ne peut qu'admirer l'habileté avec laquelle ce droit a été mis en lumière. Mais toute cette discussion sur les compensations et l'art. VII ressemble fort à un marchandage. Les concessions demandées à l'Autriche n'étaient pas telles que l'on n'ait pas pu prévoir son acceptation. Elles n'étaient pas sensiblement différentes de celles que M. Giolitti déclarait satisfaisantes. Alors ? Peut-on conclure que si l'Autriche avait cédé, M. Sonnino eût engagé l'Italie à la neutralité et aurait consenti, pour ces avantages, à rester impassible devant les crimes des Empires Centraux et le danger de leur prédominance ?

Certes, telle n'était point la volonté populaire dans les ardentes journées de mai. Elle avait repoussé le « parecchio » Giolitti comme un pourboire infamant ; elle eût de même repoussé la combinaison Sonnino si elle avait réussi. Ce qu'elle réclamait, ce n'était pas disputer à l'Autriche quelques territoires, c'était participer au conflit européen. La guerre souhaitée, c'était la guerre contre l'Allemagne. La guerre contre l'Autriche n'était qu'un accessoire et une conséquence. En se limitant à une action contre cette dernière, le gouvernement laisse naître le soupçon de méconnaître le sentiment national et de vouloir profiter avec adresse du désordre européen pour régler avec l'Autriche de vieux litiges. Pareille politique serait assez conforme à ce *sacro egoïsmo* préconisé par M. Salandra. Elle ne manquerait point d'habileté, sans doute, mais elle manquerait assurément de noblesse et ne mériterait aucun enthousiasme. Est-elle celle du ministère ? *Chi lo sa ?* Une parole suffirait à dissiper ces anxiétés, mais le silence est une des forces de M. Sonnino. On connaît le mot de M. de Bulow : « Dans ce pays de bavards, il n'y avait qu'un silencieux, et ma chance a voulu qu'il m'échût ! »

*
* *

Je retrouve ici des amis, le député Giretti, l'historien Ferrero. Tous deux sont des pacifistes résolus et systématiques. Ils se sont décidés à l'intervention, non par reniement de leurs propagandes passées, mais par la logique même de celles-ci. Hostiles à la guerre et au militarisme, ils veulent des actes au bout de leurs paroles. A l'heure que nous connaissons, on ne peut plus se contenter d'homélies vertueuses et de sentences bien intentionnées, il faut faire la guerre à la guerre. Tous deux espèrent que la contribution italienne aura pour effet de raccourcir la durée du fléau et d'assurer de façon plus rapide et plus efficace la défaite du militarisme allemand.

L'adhésion de ces deux esprits distingués aux thèses interventionnistes est particulièrement caractéristique, en raison même de leurs antécédents. M. Giretti est industriel, député du collège de Bricherasio (Piémont). Jeune encore, actif, il s'est surtout occupé des problèmes économiques. Mais l'une des raisons de son élection est sa campagne pour la paix. Cette charmante vallée alpestre de Pinerolo et de Torre Pellice, où nous fûmes ensemble au cours de mai dernier, l'avait vu, quelques années auparavant, organiser de grandes démonstrations pacifistes.

Quant à l'historien des Césars, son évolution est plus frappante encore. Il fut, par désir de discipline sociale et d'organisation, un des admirateurs fervents de l'Allemagne, et il s'en est détourné lorsqu'il l'a vue appliquer à la systématisation du crime les qualités qu'il avait appréciées. Dès que l'Allemagne eut affiché son mépris pour les règles du droit des gens, M. Ferrero s'est prononcé pour l'intervention italienne. Il vient de réunir des études et des discours en un livre : la *Guerra Europea* dont une citation de saint Augustin en épigraphe, résume la signification : « Esto ergo bellando pacificus ut eos, quos expugnas, ad pacis utilitatem, vincendo perducas ».

La guerre qu'ont voulue ces deux hommes, représentatifs de la pensée des gens d'ici, est donc bien la guerre contre le militarisme prussien, contre l'Allemagne, la guerre pour la paix. Est-ce bien celle-là que fait l'Italie ?

III

DANS LA VALLÉE D'AOSTE

Milan, 25 juillet.

C'est une Italie bien spéciale que celle du val d'Aoste. Ses admirables paysages rappellent la Suisse, et c'est le doux parler de la France qui chante sur les lèvres de ses habitants. Le municipio d'Aoste est dénommé *hôtel de ville* et les enseignes des boutiques sont dàns une langue française dont l'allure parfois un peu archaïque accentue encore le style charmant. Les Valdôtins tiennent fort à la langue de leurs pères ; dans les écoles, les publications officielles et les actes publics, la langue française est traitée à l'égal de la langue italienne. Tout en restant dévoués au français, les habitants de la vallée d'Aoste sont profondément attachés à l'Italie et ont donné, aux heures graves que nous traversons, des preuves éclatantes de leur patriotisme.

Démonstration nouvelle de l'erreur de l'identification trop fréquente de la langue et de la nationalité. Certes, la langue peut être en général considérée comme l'un des signes principaux de la nationalité. Mais l'expérience atteste que ni le facteur linguistique, ni le facteur ethnique, ni le facteur religieux ne sont essentiels, et qu'une nation peut subsister avec des différences de langue, de race et de foi. Pour qu'il ne se crée point d'irrédentisme, il suffit d'assurer la liberté, et c'est parce que l'Italie s'est montrée respectueuse du français dans la vallée d'Aoste qu'elle peut aujourd'hui comprendre les gens de cette région parmi ses enfants fidèles. Comme le faisait remarquer mon ami Georges Lorand, l'expérience qui s'est poursuivie dans la vallée d'Aoste fait présager favorablement du sort réservé aux quelques localités de langue allemande ou de langue slave que l'Italie va résorber en reprenant ses frontières naturelles.

*
* *

L'auto qui nous a pris à Turin nous emmène, rapide et souple, dans la fraîcheur du matin. La journée sera splendide et la chaîne des Alpes, lointaine, se découpe dans une fine lumière, sur le ciel bleu. A partir d'Ivrea, la ville aux tours, bâtie sur la Doire Baltée, les paysages deviennent magnifiques et déroulent, pendant une centaine de kilomètres, jusqu'au pied du mont Blanc, les aspects majestueux d'une vallée alpestre d'une incomparable beauté. On passe sous le fort de Bard, qui barre la vallée, et l'on découvre sans cesse, sur les contreforts des montagnes dominant les villages, les ruines de châteaux à créneaux qui rappellent la nécessité où l'on se trouva jadis de se protéger particulièrement ici contre les invasions militaires.

A Aoste, la ville est en fête et pavoisée aux couleurs belges et italiennes. On nous fait voir les curiosités de la ville et l'on m'indique, à mon grand étonnement, le tombeau d'un certain Thomas de Savoie, qui fut comte de Flandre et de Hainaut et mourut ici en 1252. Je ne m'attendais pas à trouver dans cette excursion, ce lointain précurseur de l'union belgo-aostaine. J'avoue être d'ailleurs fort peu renseigné sur les gestes et les idées de ce seigneur moyennageux, et je préfère de beaucoup au rapprochement qu'il créa peut-être sous sa couronne, entre ce pays-ci et le mien, la fraternisation d'aujourd'hui, qui est autrement profonde et cordiale.

Georges Lorand, que j'ai retrouvé à Rome ; Émile Vandervelde, qui a fait, le matin, à Turin, une conférence très applaudie, se trouvent à Aoste en même temps que moi et nous sommes tous les trois l'objet d'attentions empressées et affectueuses. Discours, naturellement. *Banchetto*, naturellement. Je vous ai dit qu'en Italie, toute réunion publique s'accompagnait fatalement d'un banquet. Excellente occasion, d'ailleurs, de fraternisation plus complète, de causeries plus intimes, d'information mutuelle plus précise.

*
* *

Je me souviens de la place de Pré Saint-Didier, dans le val d'Aoste. Avant de s'engager dans les routes en lacet qui font découvrir, de minute en minute plus grandiose, la chaîne étincelante du mont Blanc, et mènent aux rocs et aux neiges du Petit Saint-Bernard, l'auto s'y était arrêtée un instant. Une fillette du pays en profita pour nous offrir un bol de fraises : « Elles sont cueillies du matin », nous disait-elle. Et comme nous insistions pour emporter le bol, que nous lui eussions rendu au retour : — « Pour moi, répondit-elle, je n'y verrais point de mal. Mais ma maman me battrait, Messieurs. Elle est tant méchante !... » Elle prononçait ce doux archaïsme avec une si aimable grâce, que nous nous fussions crus en plein dix-septième siècle et au cœur de la France. Et vraiment, cette petite valdôtaine, aux yeux noirs, humble fleur de la montagne, avec ce bol de menues fraises des bois et cette phrase jolie inconsciemment empruntée aux tendres contes de Charles Perraut — nous offrait tous les parfums de son pays !... Elle résumait, dans l'instinctif langage populaire, l'originalité même de ce coin d'Italie où l'on parle un si savoureux et si riche langage français.

*
* *

Les jeunes gens d'ici étaient jadis légalement dispensés de la prestation militaire. On estimait qu'ils rendaient à leur patrie plus de services en guidant les voyageurs au travers des défilés rendus périlleux par l'avalanche et des gorges envahies par les torrents. En raison de ce privilège, on leur avait donné le beau nom de « Soldats de la Neige ». Cet hiver, les jeunes gens du val d'Aoste ne seront plus les sauveteurs d'errants en détresse, perdus dans le glacier et aveuglés par la tourmente. Ils seront dans les monts tyroliens, ailleurs peut-être, au rude assaut de ces hauteurs terribles où leurs qualités montagnardes font dès à présent merveille. Ils sauveront mieux que des voyageurs égarés, car ils aideront à sauver le trésor sacré d'humanité dont la langue qu'ils parlent avec tant de charme est la plus glorieuse et la plus précieuse richesse... Et c'est cette pensée surtout qui donne à ces fiers et loyaux alpins, tant de vaillance et tant de joie pour les batailles qu'ils affrontent...

*
* *

Les députés de la vallée, les conseillers provinciaux et plus de vingt maires des communes environnantes avaient assisté à la réunion d'Aoste. L'un de ceux-ci, celui de Courmayeur, insista particulièrement pour recevoir dans sa localité les trois députés belges et ce fut à nouveau une promenade admirable dans la partie supérieure de la vallée, qui est plus caractéristique encore et plus grandiose que la partie située entre Aoste et Ivrea. Les voitures nous emportèrent tout en haut dans la montagne, au col du Petit-Saint-Bernard, près de la frontière française. Lorsque, en redescendant de cette hauteur, on passe le tunnel dit « Pierre

Taillée », on aperçoit tout à coup la chaîne énorme de glaciers et de neiges du mont Blanc, et c'est un des spectacles alpestres les plus beaux qu'on puisse voir. On comprend que Courmayeur soit, en temps normal, un centre important de villégiature et de tourisme.

Cette année, les étrangers y sont rares et la petite cité n'a pris un air de fête qu'à raison des nombreuses bannières belges qui y flottent aujourd'hui, pour la première fois, sans doute. *Banchetto* naturellement, et échange de propos amènes et de souhaits ardents pour la libération prochaine de la Belgique.

C'est à Courmayeur que nous avons connaissance du discours significatif dans lequel M. S. Barzilai, le nouveau ministre, a remercié ses électeurs romains qui étaient venus le féliciter. Nous nous empressons, Lorand, Vandervelde et moi, d'envoyer à notre tour nos congratulations au nouveau ministre et de le remercier d'avoir déclaré « vouloir restaurer en Europe un régime de droit et de justice internationale, malgré l'égoïsme et l'impérialisme allemands ». Nous nous permettons de lui rappeler que la première condition de la réalisation de ce noble désir est la restauration de l'indépendance et de la liberté de la Belgique, et les deux députés italiens qui sont présents, MM. Charrey et Rattone, réclament comme un honneur, la permission de joindre leurs signatures à celles des députés belges dans le télégramme adressé à M. Barzilai.

IV

UNE CONFÉRENCE DE VANDERVELDE

Florence, 22 juillet.

La grande réputation d'éloquence et la qualité de Belge, de ministre belge, suffiraient déjà à expliquer la curiosité très vive suscitée par l'arrivée de M. Vandervelde et l'ardeur de la sympathie qui lui était préalablement acquise. Car les Italiens raffolent de beaux discours et leur générosité s'empresse toujours de les acclamer lorsqu'ils sont consacrés à la Belgique.

Mais M. Émile Vandervelde est encore, est surtout, président du bureau socialiste international. Comment lui était-il possible de concilier cette qualité avec celle de ministre d'un État belligérant ? Et comment pouvait-il être à la fois belliqueux et pacifiste, antimilitariste et ministre, international et patriote ? Et comment ferait-il surtout pour s'expliquer devant ces milieux de Turin et de Milan, où, non seulement le socialisme est puissant et détesté par les autres partis, mais où le socialisme s'est profondément divisé sur la question du jour, le parti socialiste dit « officiel » ayant été et étant encore résolument adversaire de la guerre ?

Comme, en définitive, c'était dans l'espoir d'agir sur ce dernier que M. Émile Vandervelde était venu en Italie, on comprendra que ce fut surtout aux socialistes officiels qu'il s'adressa, et qu'il commença par leur rappeler les liens anciens d'amitié et de confiance qui le rattachaient à eux. Il y eut peut-être même quelque exagération délibérée dans l'affirmation tranchante de la persistance des convictions socialistes de l'orateur ; un socialiste qui devient ministre d'un roi et prétend rester socialiste tout comme avant, est, de nos jours, un sujet d'étonnement. Les conservateurs italiens, accourus nombreux au meeting, et espérant de M. Vandervelde je ne sais quelle abjuration de ses erreurs passées, se montrèrent assez déçus en entendant le discours nettement, âprement socialiste de l'orateur, et il y eut même quelques mouvements de protestation.

Après avoir mis ainsi de la coquetterie à se rapprocher ouvertement des socialistes officiels, dont il venait combattre l'opinion relative à la guerre, M. Émile Vandervelde fit de la situation belge et de la situation internationale un exposé très émouvant, qui, en sa partie concernant la Belgique, souleva à diverses reprises un enthousiasme général. Malgré toutes les prudences de l'expression, la désapprobation de l'attitude du parti socialiste officiel italien s'en dégageait avec puissance et, si l'orateur paraissait admettre la possibilité d'une hésitation avant le mois de mai dernier, il disait clairement qu'à l'heure présente le devoir socialiste était de soutenir énergiquement la cause de la liberté des peuples et de la civilisation par cette guerre commencée de la part des alliés comme une guerre de défense, et poursuivie, après l'entrée en scène de l'Italie, comme une guerre de libération.

Peut-on espérer que ce point de vue, défendu depuis le mois de décembre dernier, avec une verve et un dévouement inlassable par Mussolini, deviendra celui du parti socialiste officiel italien, à présent qu'il a reçu en termes modérés et réservés l'approbation du président du Bureau socialiste international? Il serait excessif de s'y attendre. Les officiels italiens sont butés dans la répétition de raisonnements désuets — quand ils raisonnent! — ou dans des antipathies qui ne raisonnent pas. Ils ont pu résister sans en être touchés à la grande crise nationale de mai dernier. Tout porte donc à croire que leur obstination mettra un temps très long à reconnaître son erreur.

Mais un discours comme celui de M. Vandervelde peut évidemment contribuer à cette évolution, et s'il reste impuissant sur les décisions du parti, il peut agir sur les opinions des individus. Toute une argumentation aura été, par exemple, extrêmement précieuse : celle dans laquelle il a dénié toute importance actuelle aux manifestations en faveur de la paix qui se sont produites en Allemagne. L'*Avanti*, journal du parti socialiste officiel, n'avait cessé d'appeler sur celles-ci l'attention de ses lec-

teurs populaires, et l'effet de cette campagne
ne pouvait qu'affaiblir déplorablement l'énergie
itanonale. M. Émile Vandervelde a remis nettement les choses au point. Il est persuadé de la
sincérité de Liebknecht, Haase, Bernstein ou
Kautsky, mais il est persuadé aussi de leur impuissance. Non seulement ils sont désapprouvés par le
parti socialiste allemand, mais la Social-Démocra-
tie elle-même, fût-elle unanime, est aussi incapable de décider l'Empire à la paix qu'elle a été incapable de l'empêcher de déchaîner la guerre. D'autre
part, à côté de ces personnalités honorables, dont
le rôle ne s'est pas révélé jusqu'ici d'une façon pratique, il en est d'autres qui le sont beaucoup
moins et qui sont simplement des agents au service de l'empire, ayant pour but de désunir et
d'inquiéter l'opinion publique chez les alliés. Il
faut naturellement se méfier davantage encore de
ceux-ci. Rien ne doit ébranler notre ferme propos
de lutter et de vaincre, ni les menaces du bluff allemand, ni ses insidieuses propositions de paix. La
lutte doit être menée jusqu'au bout, c'est-à-dire
jusqu'au moment où l'écrasement définitif de l'impérialisme allemand libérera l'Europe du cauchemar des charges militaires et des horreurs de la
guerre.

Les socialistes officiels s'étaient refusés à organiser les conférences de M. Émile Vandervelde, en
prévoyant que des choses seraient dites qui ne
seraient pas pour leur plaire. La curiosité, néan-

moins, les amena nombreux et ils se déclarèrent bruyamment enchantés. Ils affectèrent de ne retenir du discours que ses amabilités superficielles, qui avaient précisément irrité les conservateurs, et de négliger complètement le fond même de la conférence qui se prononçait contre leur politique méconnaissant si tristement la nécessaire solidarité internationale des opprimés contre les opprimeurs.

V

LE VATICAN ET LA BELGIQUE

Rome, 24 juillet 1915.

Enfin. *Il* a parlé. Nous connaissons aujourd'hui la pensée solennelle et définitive de l'Homme blanc, que sa situation exceptionnelle élève si haut par-dessus des querelles humaines. Depuis près d'un an, les catholiques de Belgique et du monde entier attendaient, anxieux, le jugement de Celui à qui leurs âmes inquiètes adressaient avec ferveur leurs supplications, au milieu de la tourmente.

Dès les mois d'août et de septembre 1914, après l'horrible déchaînement de la barbarie germanique à travers les provinces belges, après le massacre des prêtres, l'incendie de Louvain, le bombardement des cathédrales, la destruction des églises et la profanation des objets du culte, notre cardinal Mercier avait fait entendre, avec une éloquence et une énergie admirables, la protestation que réclamaient toutes les consciences. L'histoire enregistrera avec émotion et fierté la superbe attitude patriotique de ce prélat, héroïque comme un soldat et impavide comme un martyr. Et si la foi religieuse n'est point morte chez les croyants de Belgique, épouvantés par cette guerre sacrilège, c'est au cardinal Mercier avant tout que la religion le devra.

Au point de vue simplement humain, la figure du cardinal Mercier suffisait pour la patrie et pour l'humanité. Mais les cœurs qui s'inclinent dévotieusement devant l'autorité suprême dont relèvent les cardinaux eux-mêmes espéraient que la voix du pontife romain ferait écho à celle du primat de Belgique. Ils ont vainement attendu, pendant des mois et des mois, la malédiction qui devait frapper les coupables, ou tout au moins le blâme qui serait leur condamnation.

*
* *

Le Saint-Siège avait adopté une attitude de neutralité qui lui interdisait de prononcer entre les bourreaux et les victimes. En cette heure d'angoisse, une règle trop stricte d'impartialité amenait le Vatican à renoncer à l'une de ses plus augustes prérogatives : celle de juger entre les hommes que, pendant les siècles passés, il avait toujours hautement revendiquée ; celle d'être celui qui absout ou réprouve, en dernier recours.

Néanmoins, le besoin de connaître l'avis du Vatican était à ce point irrésistible que des journalistes ont fait le siège de Benoît XV et ont cherché à communiquer à leurs lecteurs les impressions qu'ils avaient recueillies pendant leurs entretiens. La récente interview du Pape, par un écrivain français, a produit une impression assez vive dans les pays alliés et a été notamment péniblement accueillie dans les milieux catholiques belges.

Aussi comprendra-t-on que M. Van den Heuvel, notre ancien ministre de la Justice, qui représente avec autorité et distinction la Belgique auprès du Vatican, se soit efforcé d'obtenir, en ce qui concerne notre pays, des déclarations plus précises et plus rassurantes.

Le cardinal Gasparri lui a écrit, comme on sait, une lettre où il enregistre l'aveu fait par la chancellerie d'Allemagne que l'invasion de la Belgique fut une violation de la neutralité.

Voici d'ailleurs les passages essentiels de cette lettre :

Du Vatican, 6 juillet 1915.

Excellence,

Je n'ai pas manqué d'accorder toute mon attention au memorandum que m'a remis Votre Excellence avec son estimée note du 30 juin dernier, et j'ai l'honneur de lui communiquer aujourd'hui les observations que l'examen de celle-ci m'a suggérées.

Comme Votre Excellence le sait très bien, le Saint-Siège ne reconnaît aucune autorité à la version de M. Latapie. Celui-ci, ainsi que je l'ai déclaré dans mon interview avec le rédacteur du *Corriere d'Italia*, n'a, dans aucun passage de son article, reproduit exactement la véritable pensée du Saint-Père ; en plusieurs, il l'a complètement dénaturée, et d'autres enfin sont inventés de toutes pièces. Si le Saint-Père dénie toute valeur à la relation de M. Latapie, il est clair qu'à plus forte raison cette dénégation s'étend aux propos qu'il peut avoir tenus sur le même sujet.

Relativement à la neutralité de la Belgique, je dois confirmer à Votre Excellence de la manière la plus catégorique que le Saint-Père n'a pas donné à M. Latapie la réponse que celui-ci a osé imaginer et relater dans son article.

Voici la vérité à ce sujet :

Le chancelier de l'empire allemand, M. de Bethman-Hollweg, a déclaré ouvertement, le 4 août 1914, en plein Parlement, qu'en envahissant le territoire belge, l'Allemagne violait la neutralité de la Belgique, contrairement aux lois internationales. D'ordinaire, dans les conflits actuels, une partie accuse, l'autre nie, et le Saint-Siège qui ne peut faire la lumière au moyen d'une enquête, se trouve dans l'impossibilité de se prononcer. Dans le cas présent, au contraire, le chancelier allemand a reconnu que l'invasion de la Belgique était une violation de la neutralité contraire aux lois internationales quoiqu'il la déclarât légitimée par la nécessité militaire. L'invasion de la Belgique se trouve, par conséquent, directement comprise dans les paroles de l'allocution consistoriale du 22 janvier dernier par lesquelles le Saint-Père *réprouve hautement toute injustice de quelque côté et pour quelque motif qu'elle soit commise.*

Dans l'intervalle, il est vrai, l'Allemagne a publié quelques documents de l'état-major belge dont elle s'est proposé de tirer la preuve qu'antérieurement à la guerre, la Belgique avait manqué aux devoirs de la neutralité et que, partant, celle-ci n'existait plus au moment de l'invasion. Il n'appartient pas au Saint-Père de trancher cette question historique, et pareil jugement n'est pas nécessaire à son but. Même si on admettait le point de vue allemand, encore resterait-il toujours vrai de dire que l'Allemagne, de l'aveu du chancelier, pénétra dans le territoire belge avec la conscience d'en violer la neutralité et, par conséquent, de commettre une injustice. Cela suffit pour que cet acte doive être considéré comme directement compris dans les termes de l'allocution pontificale... »

On peut s'étonner qu'il ait fallu un si long délai au Vatican pour enregistrer une déclaration qui fut faite au Reichstag le 4 août de l'année dernière, et qui eut à travers le monde une si universelle et si douloureuse répercussion. Déjà, alors, l'Allemagne reconnaissait sans ambages l'injustice de ses procédés et promettait de réparer le mal aussitôt son but stratégique atteint. Benoît XV se décide aujourd'hui à enregistrer l'aveu du chancelier allemand ; c'est un résultat que l'on n'osait plus espérer des sollicitations de notre ministre, et il convient d'en savoir gré à l'un et à l'autre.

On pourra se réjouir moins de l'importance vraiment excessive que le Saint-Siège, dans le même document, accorde aux prétendues découvertes de documents établissant que la Belgique aurait manqué à ses devoirs de nation neutre. Il est probable que le volume si net et si objectif de M. Waxweiler, la *Belgique neutre et loyale*, n'est pas encore arrivé au Vatican. Ce n'est certes pas trop espérer du zèle et de l'habileté de M. Van den Heuvel que de croire qu'il parviendra à le faire lire par le Pape. Celui-ci verra alors que les prétendues justifications de l'Allemagne ne sont que calomnies et fourberies nouvelles et qu'aucun homme de bonne foi, après avoir pris connaissance des documents produits, ne peut conserver d'hésitation à cet égard. Les gens avertis trouveront donc étrange que le Saint-Siège accorde encore aujourd'hui quelque créance à ces racontars misérables des agents de l'Allemagne. Mais il faudra leur demander de ne point s'indigner trop vivement et de se rendre compte de la lenteur extrême que met la vérité à parvenir au Saint-Père. Je suis, pour ma part, bien convaincu qu'avant un an d'ici, peut-être dans quelques mois, les efforts des catholiques belges pourront obtenir du Pape une nouvelle explication de l'explication d'aujourd'hui et qu'alors, même sur cette question historique qui paraissait réservée, l'injustice et la duplicité allemandes seront enfin condamnées.

Mais, si je puis conseiller la patience à ceux qui veulent se faire une opinion réfléchie sur les événements et les hommes d'aujourd'hui, je me trouve sans parole lorsque je songe aux pauvres paysans croyants de nos campagnes flamandes, aux prêtres martyrisés, aux couvents dévastés de nos provinces envahies pour lesquels une parole justicière du Souverain Pontife eût été un si prodigieux réconfort.

VI

NOTRE ANNIVERSAIRE

Florence, 4 août 1915.

Un an s'est écoulé depuis l'instant tragique, où nous nous sommes réveillés brusquement de notre naïve confiance. Un an depuis que les premiers uhlans sont apparus sur les routes qui conduisent vers Liège, précurseurs du fléau. Que d'horreurs devaient les suivre !

L'anniversaire est douloureux. Mais s'il est l'occasion de récapituler des souffrances et des deuils, il est l'occasion aussi de rappeler notre tenace énergie, notre indéfectible confiance. Les amis de Florence ont voulu consacrer ce jour à la Belgique et j'ai accepté de leur en parler. J'ai pris pour thème de discours l'effort de l'armée belge qui n'est guère connu ici à sa valeur et sur lequel le Roi Albert a bien voulu m'accorder une longue interview qui paraît aujourd'hui dans le *Secolo*. Je dis l'invasion et la résistance de Liège, les sorties de l'armée d'Anvers collaborant à la victoire de la Marne, le siège et la retraite d'Anvers et enfin cette héroïque bataille de l'Yser où nos soldats, épuisés par deux mois de combats incessants, résistèrent incroyablement, seuls pendant plusieurs jours, à des forces allemandes infiniment supérieures. Je dis que depuis ils n'ont cessé d'occuper leur part du front, ne voulant pas laisser à d'autres le soin exclusif de libérer leur patrie, que derrière eux, par l'incessant afflux des volontaires, l'armée belge s'est reformée, plus nombreuse et mieux organisée qu'aux premiers jours, car même si une offensive heureuse nous rendait notre territoire, il faudrait encore avoir des hommes pour en assurer la sécurité. Et j'ajoute, pour me renseigner sur l'état des esprits : « De même, si les soldats d'Italie libéraient Trente et Trieste et donnaient satisfaction à vos aspirations nationales, il ne faudrait pas avoir l'illusion que votre guerre finirait là. » Je suis aussitôt violemment interrompu et quelqu'un me crie : « Nous n'avons pas cette illusion. Nous irons comme vous, avec vous, jusqu'au bout. » Et la salle toute entière approuve l'interrupteur. Réaction d'autant plus intéressante que Florence passe pour un milieu tiède. Ici comme ailleurs, la fatalité de la guerre à l'Allemagne est comprise par tous.....

*
* *

Allons admirer, à présent, le saint Georges que Donatello sculpta pour l'oratoire de saint Michel. Allons lui demander des leçons de vaillance et d'intrépidité. Il regarde droit devant lui, et sa jeune figure sourit résolument aux périls de l'avenir. Il est si ferme sur ses jambes qu'on est certain qu'il ne reculera pas. Il est l'énergie. Et sous la statue, le bas-relief représente le combat avec le dragon pour la délivrance de la princesse. Héroïque légende en laquelle l'imagination des hommes inscrivit, depuis les temps les plus lointains et même avant le Christ (par exemple dans le mythe identique de Persée et Andromède) son admiration pour le courage de ceux qui engagent la bataille contre les monstres pour sauver la faiblesse opprimée. Symbole éternel ; tant qu'il y aura des dragons malfaisants et des princesses menacées, il y aura des saints Georges clairs !

VII

LA CHANSON DES JOUEURS DE MANDOLINE

Rome, 8 août.

Il y a maintenant plus de deux mois que l'Italie a déclaré la guerre à l'Autriche. Cette guerre, qui fut imposée par la volonté même de la nation, est devenue beaucoup plus populaire encore qu'elle ne l'était à l'origine, et bien des hésitations ont disparu. C'est surtout à l'attitude de l'armée qu'il faut attribuer ce renforcement de l'opinion nationale. On peut reconnaître, à présent, que le peuple italien n'avait qu'une confiance relative en son armée et n'en soupçonnait pas la valeur.

La presse allemande avait entretenu cette méfiance en en parlant dédaigneusement comme d'une bande de joueurs de mandoline à qui le fracas des canons imposerait un silence immédiat.

Les faits sont là pour attester de quelle manière admirable et prudente tout a été prévu pour permettre à l'armée italienne de jouer le rôle considérable qui lui était destiné. Depuis deux mois, l'avancée italienne sur la terre ennemie n'a connu que des succès, et la victoire a suivi le drapeau aux trois couleurs dans des engagements relativement importants déjà. Il suffit de parcourir les journaux italiens pour se rendre compte de l'excitation des esprits.

On l'a entendue maintenant, la chanson des
joueurs de mandoline, et la nation en est grisée.
Elle a rythmé en sourdine le calme et la discipline
parfaite de la mobilisation, elle a endormi la douleur des adieux des soldats rappelés pour la
bataille, elle leur a donné la fougue nécessaire
pour se précipiter à la frontière. Du premier élan,
l'ennemi a été repoussé et les provinces du nord
préservées de l'invasion. Et maintenant, on l'entend monter vers les cîmes, la fière chanson. Les
alpins, les bersaglieri, font d'inattendus pro-
diges de vaillance dans cette difficile guerre de
montagnes. Et tous s'en émerveillent et s'en
réjouissent.

Cette exubérance pourrait passer, aux yeux d'un
observateur froid, pour un assez naïf égoïsme.
Mais en réalité, il faut y voir surtout la joie un peu
étonnée de la nation italienne à trouver son armée
supérieure à ce qu'elle en attendait. On s'était
lancé dans l'aventure avec bravoure, mais non
sans appréhension. On avait accepté l'éventualité
de certains revers, et voilà que depuis soixante
jours, les nouvelles sont quotidiennement excellentes et que l'on apprend constamment des détails
qui attestent l'intrépidité et la résolution des soldats.

L'Italie est fière de ses enfants. Elle se découvre
plus forte qu'elle ne le croyait, et cette révélation
de sa force contribue à éveiller et à exalter la conscience nationale, à ouvrir les horizons les plus
vastes et à légitimer les espoirs les plus hardis.

*
* *

Cet état d'esprit est évidemment favorable à l'achèvement de l'entreprise et à la compréhension du problème actuel dans toute son ampleur. A la guerre contre l'Autriche va succéder la guerre contre la Turquie. Au point où en sont les choses, ce n'est plus qu'une question d'heures, et l'on peut considérer dès à présent les relations diplomatiques comme rompues entre l'Italie et la Turquie. Alors, derrière l'Autriche et la Turquie, apparaîtra l'Allemagne vis-à-vis de laquelle il faudra bien prendre une position nette. Cette position, le sentiment public l'a prise déjà depuis longtemps et les manifestations de l'antipathie qu'inspire l'Allemagne sont innombrables. Néanmoins, officiellement, rien n'est encore décidé. La presse italienne, en sa grande majorité, n'a pas l'air de s'apercevoir du côté ambigu que présente cette situation équivoque. Seuls, l'*Idea nazionale*, organe des nationalistes, et *Il Popolo d'Italia*, organe des socialistes révolutionnaires, s'accordent pour réclamer la fin logique de cette période d'hésitation. On peut croire que c'est pour bientôt.

On vend ici, dans les magasins, un petit bijou qui obtient grand succès. Il s'annonce comme « la Belgique protégée par la Quadruple Alliance ». C'est en métal émaillé, l'écusson belge encadré des drapeaux de Russie, d'Angleterre, de France et d'Italie. Il me paraît correspondre à la réalité vraie du jour, mais il devance encore la vérité officielle.

*
* *

On peut se rendre compte, à un autre point de vue, de l'importance qu'a prise l'armée dans les préoccupations italiennes en constatant que l'opinion publique a fait pour tous les hommes en vue, du service militaire, une obligation impérieuse. Il semble qu'il n'y ait plus, dans la vie civile, place pour une action quelconque sur les foules ; il faut s'associer à la guerre en prenant part à la guerre elle-même. C'est bien là l'opinion italienne. De nombreux artistes, écrivains ou parlementaires, s'y sont docilement conformés. Près de deux cents députés se sont engagés, souvent malgré un âge assez avancé, et ont été pourvus de commandements variés. L'honorable de Félice, député de Catane, qui est un magnifique caractère de fougue et de générosité, a été nommé lieutenant, et comme il est un peu gros, il a réclamé un cheval pour le porter au milieu des ennemis. Chacun cherche ainsi à payer de sa personne, et il en résulte pour la population tout entière un grand exemple et un efficace entraînement moral.

Le cas le plus caractéristique à cet égard est celui de l'honorable Bissolati. Le député de Rome, qui est la personnalité la plus marquante du parti socialiste réformiste, possède, par son caractère et par son éloquence une influence énorme sur la Chambre et sur le pays. On sait qu'il est bien en cour et à plusieurs reprises le roi d'Italie lui a demandé des conseils. Le nom de M. Bissolati avait été cité en mai dernier au nombre de ceux des hommes politiques dont la popularité aurait pu donner au ministère un caractère d'union nationale. M. Bissolati paraissait donc particulièrement désigné pour s'occuper de la guerre parmi ceux qui la conduisent, dans la vie civile. Il n'en a rien été. Dès les premiers jours il s'est engagé dans les Alpins et a pris part aux combats contre les Autrichiens. Il vient d'être bléssé, et c'est avec une unanimité touchante que le roi, le conseil des ministres, ses électeurs et la population italienne tout entière lui ont adressé des vœux de prompt rétablissement.

On pense trop souvent que tout ici se passe en paroles. Il n'est peut-être pas superflu de montrer que la sincérité et la logique ont également leurs droits et que c'est le sentiment public qui l'exige ainsi.

VIII

POUR L'ALLIANCE LATINE

Pérugia, septembre 1915.

M. J. Luchaire, qui dirige l'Institut français de Florence, a fait de cet établissement studieux un centre d'action française. Confiné jusqu'ici dans le domaine intellectuel, il a cru le moment venu d'élargir son rôle et de passer, des études historiques, littéraires ou artistiques, à un effort plus direct pour le rapprochement franco-italien. L'heure est propice puisque les destins sont semblables. De part et d'autre, on mène — on croit mener, tout au moins, une lutte parallèle contre l'Allemagne. Et voici le moment venu d'effacer de mauvais souvenirs. Entre la France et l'Italie, nations naturellement destinées à se comprendre et à s'aimer, il y a eu des malentendus et des froissements. L'Italie était entrée dans l'accord international hostile à la France, et celle-ci ne lui avait pas ménagé les expressions de sa mauvaise humeur. Et avant la conclusion de la Triple Alliance, la France n'avait rien fait, au contraire, pour encourager des sympathies qui ne demandaient qu'à venir à elle. Trop souvent, les écrivains et les orateurs français s'étaient laissé aller à traiter l'Italie avec un dédain absurde de nature à irriter justement la susceptibilité italienne.

Une guerre parallèle ne suffisait point à faire oublier tout cela. Il convenait d'insister longuement sur les raisons vraies et profondes de l'entente nécessaire. L'Institut français voulut se consacrer à cette mission et M. Luchaire, aidé de ses collaborateurs, MM. Alazard et Soulier, organisa une première série de conférences d'actualité en Ombrie. M. G. Salvemini, professeur à l'Université de Pise et directeur du journal l'*Unità*, une des personnalités les plus intéressantes du mouvement intellectuel de l'Italie d'aujourd'hui, lui promit son concours. Et en me conviant à les accompagner, M. Luchaire voulut affirmer l'Alliance latine. « Nous n'avons plus qu'une patrie, me disait, à Florence, un soldat qui allait rejoindre son régiment : elle va de la Méditerranée à la mer du Nord. » Cette pensée-là était matériellement exprimée, aux yeux, par les drapeaux réunis des trois nations, aux oreilles, par nos hymnes nationaux qui faisaient se dresser debout, les auditoires palpitant et communiant dans une ardeur commune. M. Luchaire parlait en italien, excellemment, de même que M. Salvemini qui est un orateur abondant, plein de feu, aux phrases menues, pressées, pénétrantes ; quant à moi, je parlais en français, et toujours je rencontrai des publics compréhensifs.

Pourrait-on poursuivre, de même, une propagande dans la province française, en langue italienne ? Evidemment non, et cette seule constatation montre tout le chemin qu'aurait à faire la France si elle voulait se rapprocher de l'Italie autant que celle-ci s'est rapprochée d'elle

* *

A Pérouse, la conférence du soir n'était pas à ce point absorbante qu'elle ne me laissa point la liberté de revoir les chères œuvres d'art qui me furent familières aux temps de la paix. Le palais municipal, la cathédrale et sa fontaine, la pinacothèque et les fresques du Cambio, les tableaux, les églises et la façade de l'oratoire de San Bernardino, je vais tout saluer avec ravissement, heureux et étonné de retrouver toutes ces beautés. Mais plus que ses trésors eux-mêmes, la ville est délicieusement pittoresque par ce beau jour de soleil, avec les échappées de ses ruelles voûtées sur la campagne immense...

Et l'on m'invite à l'examen d'une collection que je ne connaissais point ; le professeur Bellucci a consacré des années à réunir des amulettes, à en établir des séries qui remontent à travers l'histoire jusqu'aux époques fabuleuses. Tout ce que l'humanité a imaginé contre le mauvais sort est là, donnant une effrayante preuve de la continuité de la superstition. « Elle est bien curieuse, votre collection, ai-je dit au professeur, mais elle laisse une impression triste ; elle fait douter des progrès de l'esprit humain », « Elle prouve surtout, m'a-t-il répondu, la lenteur des évolutions, et les hommes politiques qui veulent tout bouleverser, feraient bien de la méditer. » J'ai accepté docilement la leçon, car la discussion nous eût entraînés trop loin, et je ne pouvais évidemment atteindre à la sérénité de mon interlocuteur penché, comme sur un abîme, sur l'immuable stupidité des hommes...

IX

SUR LA COLLINE D'ASSISE

Assise, 15 septembre.

J'ai gravi la colline sacrée...

J'erre dans la cité qui dresse ses vieux murs sur un contrefort du mont Subasio et érige sa triple église comme une forteresse colossale parmi les tours à créneaux. J'ai peine à m'expliquer l'attendrissement intime, l'exaltation intense et profonde que je ressens ici. Est-ce l'infinie douceur de l'air qui, sur ces hauteurs, se fait plus frais et caressant dans la splendeur du soleil? Est-ce le ton indécis et délicieusement rose de cette sorte de marbre dont sont faites les constructions locales? Est-ce la paix ineffable de cette petite vie provinciale ou bien l'harmonie totale qui se dégage des lignes et des couleurs? N'est-ce pas plutôt le souvenir toujours présent de celui qui vécut ici et qui pénétra d'une si large humanité les hommes, les bêtes et les paysages?

Je fais le tour des cloîtres et, dans le cloître intérieur, au double rang superposé d'arcades, avec, au fond, la redoutable tour de l'édifice, l'harmonie et la paix sont plus prenantes encore... Je me promène dans les galeries extérieures qui dominent la vallée, et sous les arceaux gothiques apparaissent des échappées de paysages immenses et immensément doux. On voit au loin Pérouse, et l'horizon n'est fermé que par des plans successifs de montagnes... J'entre dans l'église inférieure, et mon attendrissement s'accroît encore devant cette étonnante sainte Claire de l'école siennoise, et cette fresque d'âme dans laquelle Giotto représenta les fiançailles de François avec la Pauvreté...

Mais je ne suis point venu ici pour rechercher égoïstement des impressions sentimentales et esthétiques. Je suis l'orateur qui doit faire des discours... Et tandis qu'on me rappelle aux nécessités de l'heure, du haut du balcon de l'hôtel Subasio, je fais, en quelques secondes, le rêve prodigieux d'une assemblée sans limite qui remplirait toute la vallée et s'étagerait sur les collines de l'horizon comme sur les gradins d'un amphithéâtre. Je vois des auditeurs par centaines de mille, et parmi eux des femmes assises, comme il en est dans les tableaux des vieux maîtres, autour des prédications de saint Bernardin de Sienne. Oh! pouvoir parler à une pareille assemblée, en faire surgir l'âme collective et l'exalter jusqu'au sacrifice et à l'héroïsme! Ou même, mieux encore, tenir là toute la horde germanique, lui faire comprendre sa faute et sa férocité et l'amener à sangloter son repentir, pour pouvoir alors lui pardonner dans un élan magnifique de fraternité générale !...

C'est décidément le mysticisme franciscain qui fait lever en moi de pareilles imaginations. Nous sommes loin encore du temps où l'Allemagne sanglotera son repentir ! Il est peu probable même que nous connaissions jamais ce temps-là ! Il est même dangereux, au moment actuel, de rêver au-dessus des hommes une impossible fraternité. Il ne faut rien affaiblir des énergies nécessaires à la défense de tous les biens qui nous sont chers et que la brutalité germanique menace aujourd'hui.

Cependant, on ne peut point s'évader ici tout à fait du souvenir de saint François, et sa mémoire est tellement obsédante qu'il faut bien l'interroger, même sur nos préoccupations immédiates. Ce qu'on peut affirmer, en tout cas, c'est que, malgré la hauteur de son âme, il ne prétendit jamais à une impartialité dédaigneuse. Celui-là n'était pas un neutre, qui au milieu des dissensions déchirant sa cité, sut faire renaître la concorde et la paix par son souci de justice et d'équité. Celui-là prit la peine de rechercher dans les disputes des hommes de quel côté étaient les torts, de distinguer entre le bourreau et la victime, et n'hésita jamais à prendre le parti du faible injustement opprimé.

Mais, à un autre titre encore, sa vie, et l'extraordinaire influence qu'il eut sur ses contemporains et sur les générations qui suivirent, pendant des siècles, et son triomphe universel, sont réconfortants pour nous. L'homme qui prétendit affranchir ses frères des dominations de la chair et de l'argent entreprenait une aventure que le bon sens, évidemment, condamnait. Et s'il put réussir d'aussi éclatante façon, c'est qu'il avait appelé à son aide, pour élargir l'humanité, des forces morales supérieures au désir et à la richesse. Et nous avons ainsi, dans l'histoire franciscaine, le plus frappant exemple de la puissance cachée de ces forces morales auxquelles nous faisons maintenant passionnément appel et que nous sentons porter notre fortune. Les gens d'aujourd'hui s'exaltent naturellement jusqu'à l'héroïsme, et la merveille est encore que ces forces morales, loin de se consommer par l'usage, sont inépuisablement communicatives... Sur la colline sacrée, je suis venu chercher du courage et je puis en donner aux autres sans voir diminuer le mien. Mieux, je trouve de nouvelles raisons de vaillance dans l'intrépidité qui s'éveille chez autrui. Comment désespérer et comment craindre quand on sent surgir autour de soi tant de volontés tendues jusqu'au dévouement suprême, tant de désirs ardents de victoire et du triomphe total?

Ces sentiments ne furent peut-être pas formulés précisément comme je viens de le faire, mais ils remplissaient confusément tous les cœurs dans ce modeste petit théâtre d'Assise, grouillant d'une foule enfiévrée où des orateurs français, italien et belge, exprimèrent le souhait de l'alliance latine, au milieu des acclamations et des hymnes patriotiques.

X

DANS LE TEMPLE DE LA CONCORDE

Girgenti, septembre 1915.

Nous nous attardons, dans l'auguste majesté de ces grands horizons tourmentés, au bord de la mer bleue. Le sol que nous foulons est jonché de vieilles pierres qui rappellent l'antique Akragas. Et sur la crête de la colline la moderne Girgenti érige ses maisons et ses églises d'un ton gris et rouillé, en harmonie avec les roches rousses et les herbes brûlées par l'éclat de l'été. La plaine est aride et plantée, çà et là, d'oliviers tordus.

Sur les éminences, en des endroits bien choisis pour dominer l'étendue, se dressent les ruines des temples grecs. Tout en haut, profilant ses colonnes brisées dans l'azur, celui dit de Junon; en bas, colossal et en débris sans forme, celui de Jupiter; entre les deux, le mieux conservé de tous, celui qui fut dédié, paraît-il, à la Concorde.

Les colonnes doriques ont cette robustesse harmonieuse, donnent cette impression de force et de sérénité qu'aucun style postérieur n'a su exprimer plus puissamment. Et dénuées de tout ornement, débarrassées de toute polychromie, elles paraissent plus émouvantes encore dans cette simplicité essentielle. Le soleil les a cuites, les vents de la mer les ont rongées ; et le couchant, à cette heure, les pare d'une ardente lumière rougeâtre et dorée.

Nous sommes assis sur les blocs de pierre, impressionnés par la magnificence du spectacle, son atmosphère pacifique, et l'évocation vague de si lointains souvenirs. Trêve furtive dans nos soucis obsédants, puisque, dans quelques heures, nous allons palrer de la guerre à la population de Girgenti, sous le ciel étoilé.

Nous sommes venus exalter l'alliance latine et nous avons voulu l'affirmer jusqu'au bord des vagues qui séparent de l'Afrique cet extrême sud de l'Europe. Nous ? Un Français, un Italien, un Belge. Le Français est M. Luchaire qui, encouragé par le succès de notre tournée ombrienne, a vouln la renouveler sur un plus vaste théâtre et a choisi la Sicile[1], l'île fortunée que j'avais parcourue avec Georges Lorand dans les jours exquis du jeune avril et que je revois maintenant brûlée par les feux de l'été. L'Italien est, cette fois, non plus M. Salvemini, empêché, mais M. G. Ferrero, l'historien. Tous trois, nous avons voulu dire et expliquer à la Sicile généreuse quels bouleversements dans les rapports internationaux entraînait la guerre actuelle, et combien il était nécessaire de remplacer les liens, aujourd'hui déchirés, par des relations nouvelles. La fraternité d'armes qui unit

---

1. V. dans la *Grande Revue*, décembre 1915, l'article de M. Luchaire : *La Guerre vue de Sicile.*

sur le champ de bataille, contre l'ennemi commun, les drapeaux de Belgique, de France et d'Italie, doit être soigneusement cultivée, non seulement parce qu'elle est un gage de victoire, mais parce qu'après le triomphe, elle doit maintenir l'union latine pour la conservation d'une paix durable. A l'alliance militaire et politique, doit succéder l'alliance économique, intellectuelle et morale.

Et nous avons eu la joie d'être bien compris. La Sicile nous a accueillis avec tout l'élan de son âme enthousiasmée et passionnée de liberté. Et sur les marches du temple, nous nous félicitons de la réussite de notre entreprise, lorsque la voix de Ferrero, un peu aiguë, s'élève :

— « Je voudrais vous raconter comment c'est ici, dans le temple de la Concorde, qu'il y a quelques années me fut annoncée l'imminence de la guerre européenne. Des relations banales de courtoisie m'avaient rapproché d'un voyageur rencontré à Girgenti. Une fois les présentations faites, nous sympathisâmes tout à fait et nous fîmes ensemble quelques excursions. Mon compagnon avait lu et appréciait mes livres. Il parlait fort élégamment le français et avait très grand air. C'était un seigneur polonais, familier du tzar. (Ferrero nous cita son nom). Un soir, un beau soir pareil à celui-ci, où le soleil couchant empourprait les vieilles pierres, il me dit : « Il y a quelques années, le tzar a voulu concéder l'autonomie à la Pologne ; il a rencontré une opposition très vive de la part de l'Allemagne qui lui a déclaré que toute mesure de ce genre serait un *casus belli* ». Cette confidence me parut tellement extraordinaire que je me la fis préciser et que je ne pus m'empêcher de conclure : « Mais si les choses en sont là entre l'Allemagne et la Russie, c'est la guerre avant peu ? » Mon interlocuteur haussa les épaules d'un air résigné devant l'inévitable. « Mais la guerre entre l'Allemagne et la Russie, c'est la guerre européenne ? » Même signe d'assentiment désespéré... J'avais oublié, depuis, cet avertissement étrange, mais je m'en souviens nettement aujourd'hui ; n'est-il pas bizarre que ce soit dans ce temple de la Concorde que je devais avoir cette entrevision rapide de l'épouvantable cataclysme de 1914 ?...

Et nous restons songeurs. Nous avons tous eu, dans des conditions plus ou moins impressionnantes, le pressentiment du danger et nous n'avons pas voulu y croire... Notre regard erre sur les cactus difformes, les oliviers gris, les moutons paissant l'herbe rare et brûlée, la mer bleue, où fuient les barques lointaines. Oui, nous n'avons pas su prévoir. Aussi faut-il le savoir faire aujourd'hui ; aussi faut-il voir, d'un œil clair, demain qui s'avance ; et il n'est pas trop tôt pour suspendre aux murs du temple de la Concorde quelques guirlandes en l'honneur de la fraternité latine.

XI

LES MARIONNETTES DE PALERME

Palerme, 5 septembre 1915.

Le théâtre des Marionnettes se cache dans le populeux quartier du Port. Pour le découvrir, il faut se livrer au hasard des ruelles et chercher, en interpellant les passants, celle qui enferme, entre les façades obliques de ses vieilles maisons, un pan de ciel de satin bleu broché d'or vif, un coin de mer argentée où veille, toute blanche, la voile triangulaire d'un pêcheur. Les fenêtres et les portes sont large ouvertes sur la fraîcheur du soir, et la vie familiale déborde sur les dalles plates de la rue. Des savetiers, dans des boutiques où l'ombre a la couleur d'un très vieux bois, rangent leurs outils et les morceaux de cuir cisaillés. Un fabricant de harnais pique un dernier pompon rouge aux lanières bariolées : des étalages de fruits portent, jusqu'au milieu de la rue, des colliers de piments, des pastèques luisantes, comme faites au tour dans des blocs de serpentine, les figues meurtries, bleues ou vertes dont s'ouvrent les blessures roses, les fruits du cactus tout hérissés d'aiguilles, de pleins paniers d'oranges mûres, de citrons d'or vert dans leurs feuilles, d'aubergines violettes et de tomates rouges ; à la fenêtre du

panetier se balancent des rideaux de pâtes fraîches.
De grands trous d'ombre se creusent çà et là dans
les façades blanches : ce sont les cavernes dédiées
au Bacchus sicilien où le vin âpre et doux dort
dans d'immenses tonnes sur des chantiers bas.
Dans chaque boutique, dans chaque chambre, au
fond de chaque taverne, au coin de chaque rue,
une main pieuse allume un cierge et pose un bou-
quet de fleurs devant une statue de Jésus, une
image de la Vierge ou d'un saint. Une lumière à
peine plus grande vacille au fond d'une tortueuse
impasse et ce serait l'unique éclairage de ce sombre
réduit, si les étoiles ne faisaient gerbes là-haut,
par-dessus tous ces linges flottant à des cordes
tendues d'un toit à l'autre et que le vent léger de
la mer vient gonfler comme les voiles d'une flot-
tille qui attendrait le départ.

Certes, l'un des charmes du théâtre des marionnettes est la promenade à laquelle il oblige. Mais
les yeux noirs du petit Sicilien qui charbonnait le
mur de l'impasse ont tout à coup étincelé : la
façade du théâtre s'est éclairée et de furieuses
musiques ont envahi la rue. Une course claquante
de pieds nus répond à leur appel et, devant la
porte grande ouverte, une foule de bambins s'ag-
glomère.

Le directeur du théâtre a pendu au mur le programme du soir illustré de flambantes images : des
chevaliers gisent, blessés à mort, tandis que
d'autres élèvent en triomphe leurs épées vers le

ciel. Le menu public commente le spectacle et interprète les images. L'orgue de barbarie déchaîne de plus furieuses musiques. On entre...

Dans la salle, comme une grande chambre, sont alignés des bancs de bois avec, tout autour, de petites loges aux parois peintes, sur lesquelles se déroule encore l'histoire des princesses sauvées par des chevaliers. Un rideau, qu'éclaire une lampe à la lumière brutale, cache la scène et, dernier avatar de la gloire, l'*Enlèvement des Sabines*, de Louis David, équilibre, sur ce rideau, ses masses de nus héroïques.

L'heure du spectacle est venue, un dernier flon-flon de l'orchestrion fait entrer un dernier spectateur. Le rideau s'est levé et voici les acteurs. Ils se rangent silencieusement l'un près de l'autre, attestant leur vitalité par un rapide mouvement de tête, un remuement rageur d'épée dans le fourreau, un sonore coup de poing sur leur poitrine bardée d'acier. Tous sont des chevaliers de haute lignée, armés en bataille, le heaume surmonté d'un hardi pennon, la visière baissée, la cuirasse marquée d'un blason qui les distingue, une cotte d'étoffe de couleur cousue de paillons flottant sur les cuissards. Les petits spectateurs les nomment à mesure de leur apparition. Voici Orlando, voici Ruggiero, voici, la visière levée découvrant ses yeux bigles, la farouche amazone Bradamante.

Roland jette vers le ciel d'ardentes adjurations. Qui lui rendra son cousin enfermé par les Maures dans les tours de Babylone ? Sa voix enrouée s'est à peine tue que Roger lui répond qu'il est prêt à le suivre, d'une parole au timbre aigu où persiste le même enrouement. Et tous, dans un grand bruit de fer blanc entrechoqué, font le serment de suivre le paladin. Mais, pour atteindre Babylone, il faut traverser le pays des Géants. Ces ennemis redoutables apparaissent aussitôt et la bataille, pendant cinq minutes, fait rage, tout en cliquetis d'épées entrecroisées, en âpres jurons, cadencés dans le plus savoureux dialecte parlemitain...

Et la pièce continue. Combats, enchantements, sacrifices héroïques, explosions de fureur et de désespoir, interventions diaboliques et divines, tout le grand rêve épique, mêlant les hommes aux dieux — infusant aux dieux les colères et les ressentiments des hommes et accordant aux hommes l'invulnérabilité ou la magnanimité des dieux — prend corps dans ces poupées brillantes et bruyantes, dont on voit parfois, sur les toiles du fond, les ficelles noircies.

La *Jérusalem délivrée*, le *Roland furieux*, sortis du Tasse ou de l'Arioste pour passer déformés, dans la littérature populaire, alimentent le répertoire. Sur le thème de leurs aventures, le joueur de marionnettes improvise, dans une langue aux vulgarités imprévues, les plus étranges développements, et, ainsi, cet homme obscur qui préside aux destinées de cette artificielle et légendaire humanité, s'avère le dernier de ces jongleurs qui portaient jadis, de places publiques en châteaux-forts, l'histoire merveilleuse des héros de guerre et des princesses d'amour.

Le spectacle dure l'année entière. Commencé le premier janvier, il ne se termine qu'avec décembre. C'est comme un immense feuilleton théâtral où chaque soirée apporte des aventures nouvelles de personnages familiers. Les enfants connaissent tous le thème général et se renseignent mutuellement sur ce qui s'est passé dans les soirées dont ils furent absents.

Ainsi s'entretient en eux le sens précieux de la fable et de l'héroïsme. Ils vivent dans les combats, les dévouements, le drame. Une sorte de lyrisme les imprègne, avec un goût de la noblesse et du décor, et l'on retrouve ces impressions d'enfance aux flancs historiés des charrettes siciliennes où la légende de Roger, de Bradamante ou de Charlemagne s'inscrit en une naïve et fraîche imagerie, comme elle se développait, sur les planches poussiéreuses, dans les gestes violents et ingénus des étincelantes poupées.

Ce spectacle a fait naître en moi des souvenirs émouvants. Ces marionnettes siciliennes n'étaient-elles pas les sœurs des marionnettes liégeoises ? L'héroïsme exalté dans le petit théâtre de la rue Roture n'était pas uniquement affaire d'enfants et de légende. On a pu s'en convaincre en août 1914.

Le souvenir des formidables événements auxquels

nous assistons ne pourra-t-il pas devenir, comme les exploits des preux, une source où le lyrisme populaire puisera de quoi composer des élixirs nouveaux de vaillance[1] ?

1. Je m'y suis essayé en écrivant, pour renouveler ma propagande pro-belge et au bénéfice de l'œuvre de Sackville Gallery de Londres, *Le dramatique mariage de la princesse Belgia et du chevalier Honneur...* Rome, Desclée, 1916.

XII

Cernobbio, 21 septembre 1915.

Et c'est encore la fraternité latine qui m'amène à Cernobbio.

Au bord du lac, la villa déploie le charme doux de ses jardins étagés, construits avec l'art savant d'architectes ingénieux ; les grands arbres sont déjà touchés par l'automne proche, et de temps en temps, une feuille jaunie se détache, tournoie, et vient joncher les allées. La vigne vierge grimpe aux murs qu'elle pare de vert frais, d'or et de pourpre. Des brouillards légers flottent sur l'eau et entourent d'une grâce molle la silhouette des montagnes. Vers la droite, la ville de Côme érige son dôme et ses maisons roses.

C'est un coin de nature admirablement disposé pour la quiétude de l'esprit et le repos des vacances. Et quelques personnes élégantes, en effet, y ont pris leur villégiature. Même en ces instants de fièvre et de labeur, il est encore des gens qui prennent des vacances ! Des enfants insouciants jouent dans le jardin.

Mais voici que la ville fastueuse et paisible s'emplit du bruit et de l'animation de nouvelles arrivées. Les automobiles ont amené de nombreux visiteurs. Saluts, présentations, poignées de main : ce sont des représentants de l'opinion italienne qui accueillent, avec une affectueuse cordialité, des représentants de l'opinion française.

M. Luzzatti, ministre d'Etat, ancien président du Conseil, entouré d'anciens ministres, de sénateurs, de députés, de notabilités considérables du monde des affaires, sourit, dans sa barbe blanche, aimablement, à tous ; trouve un mot courtois et flatteur pour chacun ; salue, au nom de l'Italie, MM. Pichon, Barthou, Hanotaux, Trouillot, anciens ministres de la République française, et les quelques personnalités éminentes qui les accompagnent. Ces messieurs, également désireux de traduire en réalités concrètes les espoirs revivifiés par la guerre, de la fraternité latine, unissent leurs efforts, leurs compétences et leur bonne volonté pour signaler à leurs gouvernements et au sentiment public les solutions qui paraissent les plus favorables au rapprochement des deux nations.

Des deux nations ? Il faudrait dire des trois, car la Belgique n'est point absente, et des paroles émues de MM. Pichon et Luzzatti lui rendent, dès le début, un hommage déférent, et je puis, en remerciant, réclamer pour mon pays le droit d'être compris dans le bloc latin, réunissant aujourd'hui dans une fraternité d'armes les peuples qui vivent entre la mer du Nord et la mer d'Ionie, et devant les réunir demain dans d'intimes relations économiques, intellectuelles et morales. La conférence entend consacrer cette extension de son activité par un télégramme de sympathie à M. de Broqueville, analogue à ceux qu'elle avait adressés à MM. Viviani et Salandra.

Deux jours de discussions, de promenades dans le plus beau pays du monde, de causeries à cœur ouvert. Deux jours où l'on parle de tarifs douaniers, de l'industrie de la soie et de celle des matières colorantes, des transports maritimes et par chemins de fer, du change et des banques, de la législation ouvrière, que sais-je encore ! Et après les copieuses et précieuses considérations économiques, des intérêts moraux et intellectuels, de l'enseignement des langues, du commerce des livres, de l'échange des documents scientifiques, de la propagande à poursuivre...

Je ne puis, nécessairement, examiner tout cela avec quelque détail. Mais des jalons sont plantés sur la voie à suivre ; des études sont commencées ; des solutions sont esquissées. Et par-dessus tout (et n'y eût-il eu que cela dans ces journées), un bon vouloir réciproque, une volonté de conciliation, un désir intense d'entente et de fraternité, s'expriment avec une haute éloquence. France et Italie s'aiment et se le veulent prouver, et désormais Cernobbio est un nom qui ne s'oubliera plus dans l'histoire des deux pays.

XIII

LA BOITE AUX LETTRES D'UN CONSUL NEUTRE

Rome, septembre 1915.

Le hasard m'a conduit, l'autre jour, au cours de mon voyage en Sicile, chez un ami de mes amis qui avait désiré faire ma connaissance personnelle et causer avec moi de la grande actualité passionnante. Mon hôte est une des notabilités de sa ville et consul d'une nation neutre. Il a épousé une Belge et est père d'une charmante jeune fille, en qui flambe admirablement le patriotisme maternel.

Après un déjeuner cordial, où nous évoquons des souvenirs communs également chers, où nous parlons de la patrie ravagée et envahie, mon hôte me pose, au sujet de la Belgique et de l'Angleterre, quelques questions qui me déconcertent et je lui demande :

— Mais où diable, avez-vous vu cela ?

— Dans des publications allemandes, me dit-il. Si vous saviez ce que j'en ai reçu depuis le début de la guerre! Je les lis peu, car vraiment, elles sont trop. Mais si je n'étais pas d'avance acquis à la cause des Alliés, ce que j'en ai vu suffirait pourtant à me faire hésiter.

— Mais tu sais bien, n'est-ce pas, que ce sont des mensonges effrontés? interrompt avec passion la jeune fille...

— Eh oui, je me défie de tout ce qui porte l'estampille germanique. Et pourtant, il y a là des photographies, des documents, des affirmations que je n'ai vu contredire nulle part, et sans me convaincre, tout cela m'impressionne.

— Photographies truquées, documents falsifiés, mensonges si audacieux qu'il n'est pas besoin de les discuter, réplique la jeune fille. Au surplus, voulez-vous voir des spécimens de cette littérature? J'en ai conservé quelques-uns...

*
* *

Et en voilà la table couverte. C'est redoutable, en vérité, comme quantité. Et nous examinons. C'est plus redoutable encore comme qualité, reconnaissons-le sans détours.

D'abord les bataillons germaniques, sans fard. Les articles à lire sont marqués au crayon rouge et le timbre commercial de l'expéditeur affirme l'origine. C'est la *Frankfurter Zeitung* et son succédané la *Wochenblatt*, la *Schlessische Zeitung* de Breslau, l'*Hannoversche Kurier*, l'*Hartungsche Kriegszeitung* de Koenigsberg, et d'autres, de formats divers.

Cette prose allemande ne mérite pas de remarque particulière ; elle se contente d'une vérité approximative et est aveuglée par des préjugés nationalistes, mais ce sont des défauts qu'elle partage, sans doute, avec toutes les presses de tous les pays belligérants, car nul ne pourrait se prévaloir raisonnablement d'une impartialité impossible dans la mêlée. J'en retiens seulement cette impression : les lecteurs de ces journaux-là ignorant toutes contradictions, doivent être profondément, intimement convaincus de l'excellence de leur cause, et ne peuvent être effleurés du soupçon de son injustice. Cette intoxication nationaliste, peut-être quasi universelle, est plus absolue en Allemagne que partout ailleurs.

— Mais il y a mieux, dit la jeune fille. Nous sommes persécutés par ces messieurs dans toutes les langues. Tenez, voici un journal en anglais. C'est un masque qui cache le Boche. *The Continental Times* vient de Berlin. Il se présente comme un journal pour les Américains d'Europe. Nul n'a attaqué l'Angleterre plus constamment et plus venimeusement. Voyez ces nouvelles tendancieuses, ces racontars absurdes et ces articles pesants, par exemple, ce catéchisme de Balaam le jeune, où l'on met en scène, avec un esprit assez lourd, un ami des Alliés et un défenseur du kaiser :

« — L'Angleterre lutte pour la liberté, le progrès, la démocratie, l'altruisme, n'est-ce pas ?

— C'est bien sûr. Elle a toujours lutté ainsi.

— Par exemple ?

— En Irlande, où elle a chassé une civilisation supérieure, par sept siècles de meurtres, de pillage et d'empoisonnements, etc... etc. Dans l'Inde, en Egypte... (suivent une série d'accusations violentes). »

— C'est un peu grossier, me semble-t-il, remarquai-je.

— C'est pour des Américains, me répond la jeune fille. Mais la propagande allemande n'ignore pas que pour un peuple d'ancienne culture, aussi raffiné et doué que le peuple italien, des plaisanteries aussi épaisses n'auraient aucun succès. Mais, que dites-vous de ceci : *La guerra del 1914, Un mese di guerra* ? C'est en italien, mais ça vient encore de Berlin. Ce sont des publications périodiques, superbement illustrées. Elles sont composées avec une habileté perfide, dont il n'est pas possible de ne pas être frappé. Tout y est combiné pour exalter l'Allemagne, sa loyauté, sa vaillance, sa force incomparable ; pour discréditer les Alliés, surtout l'Angleterre, qui est la grande ennemie, la France et la Belgique. Et cela avec un art si subtil et si audacieux qu'on sort de cette lecture stupéfait. Si l'on n'avait pas vu, entendu, touché personnellement, en témoin, certaines choses, on pourrait se demander de quel côté se trouve la vérité.

*
* *

Pareille propagande est poursuivie avec régularité, méthode et ténacité dans le monde entier, avec une étonnante prodigalité d'intelligence et d'argent ; elle est encore active en Italie à l'heure actuelle et on peut se demander après un an de guerre, si les Alliés ont, de leur côté, su prendre les mesures nécessaires pour combattre, sur ce terrain l'Allemagne comme il l'eût fallu.

XIV

L'AIR LÉGER DE PARIS

Paris, 26 septembre 1915.

Ces deux mois d'août et de septembre, nous les avons passés, Richard Dupierreux et moi, en labeurs enfiévrés. Notre projet d'étude de la contribution anglaise à la guerre européenne, qui, au début, ne devait comporter que quelques articles, se réalisa dans les proportions d'un volume [1] dont l'essentiel était terminé au 20 septembre, jour de fête pour les Romains.

Il m'avait paru indispensable, pour fortifier la confiance italienne, de lui faire connaître mieux le prodigieux effort de la nation britannique. On l'ignorait généralement, et presque tous l'appréciaient fort injustement. La propagande germanophile et neutraliste avait patiemment créé autour de l'Angleterre une atmosphère de suspicion et de défaveur. Et les Anglais, à la fois par inattention et par présomption, s'étaient laissé discréditer sans aucune tentative sérieuse de réaction...

L'ouvrage fini, il fallait retourner à Londres pour pouvoir s'assurer s'il ne renfermait pas

1. *Cio che hanno fatto gli Inglesi* a paru, fin décembre 1915, chez l'éditeur Trèves à Milan. Une version française, complétée, l'*Effort britannique*, a paru chez Van Oest en mai 1916. Une version anglaise va paraître chez l'éditeur Lane de Londres.

d'inexactitudes. Nous avions dû faire vite, sans avoir toujours la documentation nécessaire, et sans pouvoir toujours apprécier, faute de compétence en ces matières spéciales, ce qui était le plus significatif.

Nous passons à Paris deux journées, pendant lesquelles on annonce les victoires de Champagne. D'heure en heure, se précise le succès. C'est vraiment une victoire, un grand rayon d'espoir.

Quelle transformation soudaine et touchante ! La joie sur tous les visages. L'animation souriante des conversations. Une impression unanime de soulagement qui faisait paraître plus léger l'air de Paris !

Il était temps, en vérité. Ce peuple portait depuis un an, avec une vaillance admirable, le poids énorme de l'épreuve. Malgré les deuils innombrables, malgré l'invasion, malgré la lenteur des opérations militaires, il restait d'une sérénité grave et stoïque. Mais, pour être domptée et dissimulée par un terrible effort de volonté, la souffrance n'en était pas moins là, atrocement rongeante ; et, lorsqu'on était seul, on avait souvent envie de pleurer. Semaines amères !

Et puis, tout à coup, la grande nouvelle exaltante, autorisant l'espérance sans limites. Aussitôt, avec une méconnaissance candide des réalités, les petites gens s'enthousiasment et n'aperçoivent plus d'obstacles : — Pour sûr, cette fois, qu'on les a, dit, en passant près de moi, un homme du peuple, on va les foutre au Rhin, mon vieux ! — Et le camarade répond : — Au Rhin? qu'tu dis ? C'est à Berlin qu'on va aller !

Après les jours où j'ai vu Paris nerveux ou soucieux, voici donc un Paris de fête ! Le soleil d'automme est radieux, les femmes sont plus jolies, les hommes plus souriants, tous vont avec une allure d'allégresse, lisent les journaux dans la rue, et repartent d'un pas plus alerte. On sent, dans toutes ces vies individuelles, une vie d'ensemble, une vie unifiée et confiante, dans l'air léger de Paris.

XV

LE DISCOURS DE BARZILAÏ

Paris, 29 septembre 1915.

M. Barzilaï a prononcé, dimanche dernier, au théâtre San-Carlo de Naples, un grand discours qui marque un moment intéressant de la politique italienne.

On sait que M. Salvatore Barzilaï a été appelé en juillet, par la confiance du roi, à faire partie du cabinet Salandra, comme ministre sans portefeuille. Nomination significative, entre toutes, puisque non seulement M. Barzilaï était le chef du parti républicain et apportait ainsi un concours précieux au gouvernement conservateur, mais à raison de ses origines irrédentistes (on sait qu'il est né à Trieste le 5 juillet 1860), il indiquait spécialement la volonté de l'Italie de récupérer ses frontières naturelles et de réaliser enfin son unité complète.

Le concours de M. Barzilaï était précieux particulièrement. C'est un des orateurs les plus écoutés de la Chambre italienne. De taille moyenne et robuste, dans la force de l'âge, la voix claire et bien posée, il a acquis, même auprès de ses adversaires, le prestige et l'autorité. Son éloquence est de forme sobre et correcte, très voulue, avec un peu de solennité. Il a l'expérience parlementaire : huit fois déjà ses électeurs lui ont témoigné leur affectueuse confiance. Journaliste autant qu'orateur, il était président de l'Association de la presse italienne au moment où il fut appelé au ministère.

Quand le peuple de Rome alla le féliciter de son avènement au pouvoir, M. Barzilaï répondit en un discours où il parlait de la justice internationale en Europe. Et lorsque Vandervelde, Lorand et moi, nous lui télégraphiâmes pour prendre acte, au nom de la Belgique, de ses généreuses déclarations, il nous répondit « que nous avions vraiment une cause commune ».

Mais c'était là paroles qui pouvaient n'être qu'avis personnel et n'engager que lui. A Naples, le nouveau ministre parlait au nom du gouvernement: M. Salandra, le président du Conseil, plusieurs ministres, étaient présents, environnés de plus de cent députés et sénateurs qui avaient tenu à manifester ainsi leur confiance.

Je néglige dans ce discours l'argumentation, apportant des preuves nouvelles de la déloyauté autrichienne et de la nécessité de la guerre, pour m'en tenir exclusivement au point qui intéresse plus spécialement les nations alliées.

Il est indiqué dans la manière dont deux journaux considérables résument l'essentiel des déclarations ministérielles. Le *Secolo*, le grand journal démocratique de Milan, dit : « Guerre à outrance, pour la défense de l'Italie et pour la justice internationale ». Le *Giornale d'Italia*, de Rome (gouvernemental) : « L'Italie luttera jusqu'à ce qu'elle ait recouvré ses frontières. » On voit la différence. Ce n'est pas une contradiction, puisque qui veut le plus veut le moins.

Mais l'Italie veut-elle le plus, oui ou non? Une fois qu'elle aura satisfait ses aspirations nationales, luttera-t-elle encore pour la justice internationale? Je n'hésite pas à dire que j'en suis convaincu. Mais cette conviction ne m'empêche pas cependant de constater que s'il y a actuellement unanimité complète, tant au gouvernement que dans la nation, pour mener à fond la guerre contre l'Autriche, cette unanimité n'existe plus lorsqu'il s'agit de la participation à la grande guerre d'Europe. En ce pays des nuances, on distingue entre l'intervention absolue et l'intervention relative. Et tous ceux qui étaient neutralistes, avant mai dernier, sont pour cette dernière. Ils déplorent la guerre déclarée à la Turquie et ne veulent pas qu'on déclare la guerre à l'Allemagne. Ces divergences créent au gouvernement une situation difficile et lui imposent une certaine réserve et une prudente lenteur dans ses décisions.

Dans ces conditions, les chaleureuses paroles de M. Barzilaï à la France, à la Russie et à l'Angleterre, encore qu'elles ne disent rien de net au sujet d'une alliance précise, sont déjà une indication réconfortante pour nous, et spécialement la phrase adressée à la Belgique héroïque et malheureuse, que je salue avec d'autant plus de joie qu'elle est, enfin, la première manifestation officielle d'une sympathie générale et ardente dans la nation.

Le gouvernement italien a donc une tendance à lier son sort à celui des alliés ; en dépit des oppositions, il sera suivi, et la force même des choses fera le reste.

XVI

Londres, octobre 1915.

Nous travaillons au Cecil Hotel, où se sont concentrées toutes les œuvres belges. Les Belgian Offices occupent, au second étage, presque toute l'aile droite. *British Gifts, Comité des Réformés, Livre du Soldat, Vacances du soldat, Bureau de documentation et de propagande*, etc., forment une ruche animée et fraternelle.

Un midi en sortant, je lis sur un placard : *Venizelos resigns*. Et une angoisse me prend aussitôt à la gorge. La Grèce, sur laquelle nous comptions, va-t-elle nous faire à nouveau défaut ?

Ce pays qui est lié par un traité à la Serbie menacée, qui a reçu l'argent des alliés, ce pays qui est le seul où la question de l'intervention ait été formellement comprise dans une consultation électorale, va-t-il nous donner un exemple unique de lâcheté, d'égoïsme et de trahison ?

Mais alors, la situation pourrait devenir très grave. Ce pourrait être l'Allemagne à Constantinople, menaçant la route de l'Égypte et des Indes. Cette fois, l'Angleterre est directement prise à partie.... Et je m'étonne de voir la vie continuer autour de moi, dans le même affairement des petites habitudes immédiates, sans une fébrilité, sans un souci, sans une inquiétude ; est-ce du flegme qu'il faut admirer ? Est-ce la tranquille certitude de l'emporter quand même, et la confiance peut être présomptueuse dans sa supériorité ? Ou un manque de compréhension et d'imagination qui rend ce peuple, tout en muscles, mais sans nerfs, incapable d'apprécier un danger lointain ? Il y a sans doute tout cela à la fois dans l'incroyable placidité de l'Anglais...

XVII

LA CONJURATION ANTIBOCHE

Rome, octobre 1915.

Il vient de se fonder, en Italie, des comités de défense interne qui se proposent de surveiller étroitement les ennemis de l'intérieur. Ils entendent par là non seulement les personnes se livrant à l'espionnage — et l'on sait que malheureusement cette espèce néfaste pullule encore sous le ciel bleu — mais tous les démoralisateurs, les tièdes et les pacifistes trop pressés qui seraient tentés d'affaiblir l'élan de l'Italie ou d'essayer de le restreindre avant qu'il n'ait pleinement pris part à la défaite de l'impérialisme teuton.

Ces comités, dont l'initiative est exclusivement due à des Italiens, ont pris comme double devise : *Souvenez-vous de la Belgique ! N'achetez pas de produits allemands !* C'est un programme bref, mais très clair et significatif. J'ai déjà noté, avec émotion et reconnaissance, combien l'injuste violence faite à mon pays avait suscité d'indignation dans la population italienne ; on aura pu croire que je me faisais des illusions à cet égard ; mais voici mon opinion singulièrement confirmée par le fait des Italiens, s'adressant à des Italiens pour les décider à mener la lutte jusqu'à ses fins logiques, ne trouvent pas d'argument plus décisif que l'évocation du souvenir de la Belgique.

Le second point du programme n'est pas moins intéressant. En attendant que le gouvernement se décide enfin à reconnaître qu'il est en guerre avec l'Allemagne, des particuliers décrètent résolument à celle-ci la guerre économique. Ils s'imposent, comme consigne et comme indice de patriotisme, de ne plus acheter de produits allemands.

Voilà un mot d'ordre qu'on ne saurait assez propager. On parle beaucoup, chez les Alliés, d'accords ayant pour but de détourner les grands courants d'affaires que l'Allemagne était parvenue à établir à son profit dans le monde entier. Fort bien ! Mais qui ne voit que l'initiative individuelle, pour autant qu'elle se multiplie par milliers, peut résoudre à elle seule le problème ? S'affranchir de la puissance économique, développer notre industrie nationale, ne plus alimenter, par des bénéfices prélevés sur notre insouciance, le trésor qui sert à payer la guerre qu'on nous fait, cela dépend de nous. Il suffit de boycotter rigoureusement, implacablement toute marchandise tudesque.

C'est trop simple, dira-t-on. Eh non, ce n'est pas simple. Chacun prendra volontiers l'engagement de ne plus acheter les produits allemands dont il ne se sert pas, mais il cherchera de mauvaises excuses pour se laisser aller à acquérir ceux dont il aura besoin.

Le produit allemand a d'abord, pour lui, son bon

marché. Il est vrai que ce bon marché est souvent illusoire et que la camelote est une spécialité des fabriques d'outre-Rhin. N'importe, la tentation est là et l'on s'y laisse vite entraîner : on donne la préférence à ce qui coûte le moins. D'autre part, dans certaines spécialités, malheureusement trop nombreuses, le produit allemand n'a pas de concurrent. Il faut le subir ou s'en passer. Et si l'on en a un vrai besoin, aura-t-on le courage civique de la privation ?

Pour arriver au résultat souhaité, il faut donc autre chose qu'une approbation platonique et superficielle à des thèses générales qu'on pourra trahir en détail. Il faut un engagement d'honneur, il faut un serment liant la loyauté, il faut organiser la *conjuration antiboche.*

Multiplions les ligues dont chaque membre promettra solennellement aux autres de ne plus acheter aucun produit allemand, et dont chacun surveillera amicalement l'observation stricte de la promesse. On verra combien c'est compliqué.

Au moment où j'écris, un ami, à mes côtés, feuillette son Baedeker, un autre prend des notes avec un crayon Faber et, dans le salon voisin, une dame joue, sur un piano allemand, de la musique allemande éditée par une maison allemande. La voiture qui nous a amenés avait un compteur fabriqué à Berlin et les lampes électriques qui nous éclairent viennent d'Allemagne. Regardez de même autour de vous ; je vous défie d'observer pendant un quart d'heure sans rencontrer quelque produit teuton.

Pour arriver à les proscrire, à s'en débarrasser définitivement, il faut une vigilance de tous les instants, une fermeté d'âme, une volonté opiniâtre qu'on rencontre parfois chez les hommes aux grandes heures de leur vie, mais qui est plutôt rare, appliquée aux petits événements quotidiens. *Ricordare et odiare*. Nous ne pourrons vaincre l'Allemagne que si nous gardons la mémoire constante des forfaits qu'elle a commis contre tout ce qui nous fut cher et si nous la détestons d'une haine tenace et sans cesse en éveil, égale à l'immense amour que nous avions pour tout ce qu'elle n'a point respecté.

XVIII

Rome, novembre 1915.

J'ai eu l'occasion, en ces derniers jours, de parcourir certaines régions de France et de passer quelque temps à Paris. Et je voudrais noter quelle réconfortante impression j'en ai retirée, quelle fervente admiration j'ai pour cette grande nation. Affirmer qu'on aime la France, de la part d'un Belge, et spécialement du Wallon que je suis, c'est presque une banalité sans inattendu ; mais peut-être mes nombreux séjours d'exil, en Angleterre et en Italie, m'ont fait, actuellement, plus sensible aux magnifiques qualités du peuple français. Qu'il est beau dans l'épreuve, et comme il s'est révélé sain, vigoureux et fort !

On avait pu, avant la guerre, douter de lui. Ceux qui le jugeaient sur les tableaux, souvent peu flattés, qu'en ont donnés sa littérature et son théâtre, sur quelques scandales bruyants confondant, dans un désordre pénible, le monde du parlement et celui de la justice, ceux-là pouvaient croire la nation française finie, se désagrégeant par épuisement, en une agonie encore éclatante, mais n'ayant plus de force vitale ni d'unité morale. Et ses arts exquis, le raffinement de sa culture, l'élégance même de ses tares étaient de nouvelles raisons de croire que l'arbre était désormais sans sève et que le premier ouragan l'abattrait définitivement.

Nos ennemis l'avaient espéré. Eux surtout croyaient la France superficielle et frivole, dénuée de ressort et impuissante à résister à l'agression. Eux aussi admiraient la finesse française, mais il y avait de l'envie et du mépris dans cette admiration. Leur grossièreté de parvenu, de peuple jeune et puissant, ivre de sa force et trop rapidement admis aux bienfaits de la civilisation, comprenait bien confusément, qu'il y avait, en la France, une supériorité, mais ils en étaient humiliés et ne songeaient qu'à la joie sauvage de l'écraser sous leurs poings rudes et leurs lourdes bottes. Ce devait être facile, cette élégance n'étant que le séduisant vernis de la faiblesse et de la pourriture.

Ainsi pensaient ces barbares. Ainsi leurs doctes enseigneurs les avaient persuadés. Ce qu'ils doivent être déconcertés, à présent, en voyant se dresser au travers de leur chemin, inflexibles et braves, unis et forts, admirables de vertus morales, ceux qu'ils avaient cru les fils d'une nation en décrépitude !

*
* *

Sur le boulevard, à Paris. Un soldat blessé s'avance péniblement, sur des béquilles. Il voit venir à lui un officier supérieur, et difficilement, avec des mouvements douloureux, il se range pour

le salut militaire. L'officier a vu l'homme pitoyable,
a remarqué son effort, et brusquement s'arrête,
dégaîne et salue de l'épée, puis passe, simplement.
Brève scène où se retrouve une tradition chevale-
resque...

*
* *

Dans le train qui m'emmène, j'écoute deux dames
qui bavardent. L'une d'elles est en deuil et, après
les compliments sans intérêt, raconte la mort de
son mari. Elle avait appris, par un journal, qu'il
avait été blessé dans un combat récent et, déjà,
elle se réjouissait de pouvoir le soigner, vivre près
de lui, quand la femme de chambre qui avait
apporté le journal lui montra, sous le portrait
publié, la mention : « Glorieusement blessé à .....*
— Eh bien ? — Oh ! madame, plus il y a de gloire,
plus il y a de mal !

Cette humble avait deviné la vérité : la bles-
sure était mortelle. Mot admirable, n'est-il pas
vrai ? associant la gloire à la souffrance. Attitude
plus admirable encore de la France tout entière,
acceptant stoïquement qu'il en soit ainsi...

*
* *

Dans les champs, les femmes remplacent pour
les travaux rustiques les hommes qui sont partis,
dans les villes, elles se vouent aux mille tâches
d'assistance sociale que la guerre a fait naître ; au

front, les officiers et les soldats attestent une bravoure indomptable ; dans les usines, la production des munitions augmente chaque jour ; c'est toute la nation, s'imposant à elle-même une discipline spontanée, tendue dans un élan suprême, résolue à ne pas se laisser décourager, à tenir sans défaillance jusqu'au bout, toute la nation qui souffre, toute la nation meurtrie, mais qui fait fièrement face à la douleur, avec une gravité sereine, sans forfanterie, avec une inflexible volonté de tout sacrifier, avec une inaltérable confiance dans la victoire finale. Quand un peuple se montre capable d'un aussi prodigieux effort moral, il a justifié son droit à l'existence libre, et a acquis d'imprescriptibles titres à l'admiration et au respect des autres peuples...

XIX

LES EXPLOITS DE NOS ENNEMIS

Rome, 9 novembre 1915.

Décidément, nos ennemis sont odieux. Ils révèlent dans cette guerre, une humanité sauvagement attachée à détruire ce qui paraissait jusqu'ici les plus hautes raisons de vivre, les meilleures fiertés que l'on avait d'être des hommes. L'assassinat d'une infirmière et le bombardement de Venise font égaux, dans l'horreur qu'ils nous inspirent, ceux d'Allemagne et ceux d'Autriche.

Venise est un incomparable joyau d'art, qui inspire à l'Italie et au monde entier une faveur particulière. Elle est un vaste musée d'œuvres précieuses ; ses palais et ses églises, près des canaux qui la sillonnent, commandent le respect à tous ceux qui ont le moindre sentiment de la beauté et du passé. Tant de merveilles devaient attirer leur rage ; ils ont voulu que Venise fût la rançon des échecs que les troupes italiennes ne cessent de leur infliger. Les soldats d'Autriche se font un bouclier de la dévotion que professe pour Venise le monde civilisé, comme les soldats d'Allemagne se faisaient précéder, sur les routes de Belgique, de femmes et d'enfants.

Repoussés et vaincus, ils se vengent sur Venise

et vont détruire une œuvre d'art. Le bel exploit, en vérité ! Le plafond du Tiepolo, qu'ils viennent de mettre en poussière, était la gloire de l'église des Carmes. L'étonnant décorateur y avait fait chanter des jaunes et des bleus, voler des draperies dans l'air nuageux et rosir de belles chairs dans la lumière... Il n'en reste rien.

Une autre bombe est tombée sur la Piazzetta, entre la Bibliothèque et le Palais des Doges.

Si demain les troupes de François-Joseph accentuent leur retraite, ce sera une nouvelle vengeance· Elles s'attaqueront peut-être au saint Georges de Carpaccio, qui écrase aux Schiavoni le monstre vert et écailleux soufflant des vapeurs de peste, dans un paysage d'Afrique, ou à la petite Salomé de mosaïque, qui danse, en robe byzantine, dans la chapelle du baptistère de Saint-Marc ?

Quelques jours avant le meurtre du Tiepolo par ceux d'Autriche, ceux d'Allemagne perpétraient dans notre pays d'autres crimes. Eux aussi avaient frémi sous le vent de la défaite et avaient compris, dans les plaines de Champagne ce que vaut la baïonnette française. Eux aussi ont senti le besoin de se venger, la nécessité de terroriser, de martyriser. Ils ont traduit devant leurs tribunaux iniques des hommes et des femmes, en plus grand nombre, chose singulière, qu'ils ne l'avaient fait jusqu'ici. Et leurs jugements — si tant est qu'on puisse appeler de ce nom des décisions qui outragent la justice — ont été plus sévères que jamais. C'est en exécution de ces jugements qu'un officier, cultivé comme ils prétendent tous l'être, a assassiné, d'un coup de revolver tiré à bout portant, Edith Cavell inanimée.

Tueurs de femmes ! Massacreurs de chefs-d'œuvre ! Ivres d'iconoclastie, ces barbares apparaîtront, au jour de leur défaite, tels qu'ils apparurent sur les routes de Dinant, de Louvain et d'Ypres. Mais sera-t-il dit que les nations enfin victorieuses leur permettront d'avoir été impunément tout cela, d'avoir reculé les bornes du déshonneur humain ? Sera-t-il dit que des compensations territoriales et des contributions financières suffiront à leur absolution ? Et si la victoire est aussi entière qu'il est nécessaire qu'elle le soit, du moins pour le salut du monde, les auteurs des délits extérieurs au droit des gens, des crimes prohibés par le code de la guerre, ne pourront-ils point être traduits devant les juges de droit commun ?

Il y aura, ce jour-là, des peines pour les tueurs de femmes, de vieillards et d'enfants. Mais il faudrait créer un droit pénal nouveau pour ceux qui meurtrissent l'humanité en ruinant l'effigie de ses dieux, de ses déesses, de ses vierges, de ses saints, de ses rois et de ses anges...

XX

AU DELA DE L'HORREUR

Rome, 16 novembre 1915.

Il semblait que la guerre, telle que la comprennent les Austro-Allemands, avait dépassé déjà, en horreur et en férocité, les imaginations les plus sauvages. Chaque jour, pourtant, nous apporte une révélation nouvelle d'une réalité inattendue qui eût paru invraisemblable et monstrueuse aux temps heureux de la paix. L'humanité se dégrade et se déshonore, et nous ne sommes pas au fond de l'abîme !

Trahison de la foi jurée, incendies et pillages, destruction stupide de chefs-d'œuvre, tortures et massacres d'innocents et de désarmés, tueries de femmes, de vieillards et d'enfants, effroyable série de méfaits et de crimes, telle qu'il paraissait impossible d'y ajouter encore !

Ecoutez ! Je trouve dans un journal de Rome, la *Tribuna*, cet extrait d'un journal autrichien : « Mille raisons nous conseillent de profiter des avantages dont nous jouissons par l'occupation des pays envahis, pour arriver rapidement à la paix. Nous devrions adopter contre nos ennemis des mesures répressives qui les obligent à demander la paix. L'Allemagne et l'Autriche sont en ce moment en possession de vastes territoires appartenant à la Belgique, à la France, à la Russie et à la Serbie ; nous pouvons donc user de rigueur vis-à-vis de nos ennemis. *Il est de la plus grande urgence de priver de vivres les habitants des régions envahies et d'empêcher qu'ils reçoivent la moindre subsistance.* Sans doute la presse anglaise, française et russe jettera les hauts cris et parlera de barbarie germanique ! Mais qu'importe ! Le cuir allemand est assez robuste pour supporter les insultes de nos ennemis. *Ces mesures obligeront l'Angleterre et la France à entrer, après un certain temps, en négociations avec nous, parce qu'ils comprendront qu'ils ne peuvent laisser mourir de faim tant de millions de Belges et de Français*, et ainsi les mesures énergiques nous mèneront rapidement à la paix. »

On croit rêver en lisant de pareilles élucubrations. Elles sont signées. C'est un député, appelé Rodolphe Keller, qui les publie en article de fond, dans le *Prager Tageblatt.*

Je les trouve particulièrement caractéristiques. Qu'un déséquilibré, dans un délire furieux, proclame d'aussi exécrables desseins, on le prendra en pitié et on l'enfermera prudemment dans une maison d'aliénés. Mais qu'un homme ayant une certaine situation politique, les puisse imprimer à des milliers d'exemplaires, sans soulever l'indignation et le dégoût de ses lecteurs, voilà qui indique à quel point dangereux la guerre a dépravé certaines populations. Voilà une preuve de plus de l'aberration et de la perversion du sens moral chez nos ennemis.

Faut-il pourtant s'alarmer pour nos frères restés au pays ? Je ne le crois pas, car si l'Allemagne osait recourir aux mesures préconisées par le sieur Keller, non seulement elle ne ferait pas, par ce chantage odieux, fléchir les alliés — cela est bien certain — mais elle soulèverait contre elle une telle vague de fureur et de désespoir dans les régions occupées, une telle colère chez les Alliés, une telle indignation chez les nations encore neutres, que ce serait sa condamnation définitive.

Mais que de telles imaginations puissent se manifester dans l'opinion austro-allemande, cela la juge au point de vue moral. Et cela indique combien la lenteur des opérations militaires l'exaspère. Malgré tant de succès et de victoires bruyamment exaltés, nos ennemis comprennent enfin qu'ils ne sont encore nulle part, qu'ils n'ont aucun avantage décisif, qu'ils se trouvent en présence d'adversaires imbattables et résolus à ne pas céder, et c'est alors, dans leur désir impatient de paix, dans leur lassitude et leur impuissance à continuer l'effort, qu'ils imaginent des procédés qui reculent les limites de l'horreur !

Pour que les empires centraux songent à imposer la paix aux Alliés par la torture et par la faim, par le supplice de millions d'hommes, de femmes et d'enfants, il faut qu'ils aient perdu tout espoir et toute confiance dans l'action de leurs armées. Cette constatation n'est pas pour nous déplaire et nous épinglons la prose du sieur Keller, à la fois comme un rare document d'infamie et comme un significatif aveu d'épuisement.

XXI

Rome... décembre 1915.

Rumeurs légères, mais persistantes. Chaque fois qu'on en retrouve l'écho dans les journaux, chaque fois qu'elles paraissent prendre quelque importance, elles sont vigoureusement démenties. Les gouvernants déclarent nettement qu'il n'en est pas question. Accalmie alors de quelques jours. Puis de nouveau, sous une autre forme, la rumeur se murmure, grandit, cherche à devenir une opinion.

C'est le président Wilson qui ferait, ou ne fera pas encore, une démarche en faveur de la paix ; c'est le pape Benoît XV qui prie pour la fin du fléau et est prêt à brandir le rameau d'olivier ; c'est la Serbie, à laquelle on aurait proposé une paix séparée ; c'est un congrès de socialistes réunis en Suisse, à Zimmerwald, qui aurait décidé de poursuivre la propagande pacifiste jusqu'à l'action révolutionnaire ; ce sont des femmes hollandaises, à Amsterdam, qui affirment, après un voyage à l'étranger, que le désir de paix est général ; c'est un député catholique hongrois du nom de Gjisewein qui demande que la haine des peuples soit adoucie par l'échange de sympathies mutuelles, et que l'on donne au pape le prix Nobel de la paix ; c'est un lord anglais qui

envisage l'éventualité d'une paix « raisonnable » ;
ce sont les journalistes allemands qui préconisent
le retour au *statu quo* avant août 1914 ; ce sont, çà
et là, des illuminés qui rêvent encore de fraternité
générale....

Au fond, il n'est pas possible de se méprendre,
dès qu'on a l'œil exercé à suivre en ses détails une
campagne de presse, sur l'origine première de tous
ces bruits tendancieux. Ceux qui les propagent sont
les agents, conscients ou inconscients, de l'Allemagne, qui commence à comprendre que son ambi-
tion dépassait ses forces. Elle prévoit que le moment
n'est pas loin où elle ne pourra plus soutenir l'entreprise mégalomane qui lui fit croire possible l'asservissement du monde. Et « tant que la situation
paraît encore favorable », — le mot est de Maximi-
lien Harden —, elle cherche une paix avantageuse,
qui laisse au moins intact son prestige.

Il faudrait avoir perdu la tête pour songer un instant à la lui accorder. Nous souhaitons la paix aussi
ardemment que quiconque, mais nous ne la con-
cevons que dans la victoire. Toute autre paix ne
serait pas la paix : c'en serait à peine l'illusion ; un
armistice entre deux conflits gigantesques, avec
des charges militaires pour l'attaque et la défense
tellement formidables que toute la productivité
humaine en serait paralysée. Non seulement pareille
paix serait une duperie, mais elle serait une trahison vis-à-vis de nos morts.

A ceux qui pourraient se laisser émouvoir par des

déclamations pacifistes sentimentales sur les horreurs de la guerre, il faudra rappeler les horreurs passées. Il serait monstrueux, en vérité, que tant de sang répandu, tant de larmes versées, tant de richesses dispersées l'aient été pour rien. Ceux qui ont succombé sur le champ de bataille, ceux qui en sont revenus infirmes et mutilés n'ont pareillement souffert que pour un idéal que nous devons réaliser. Maudit soit, en leur nom, celui qui parlera de paix aussi longtemps que la botte tudesque foulera les territoires envahis ! Victoire et Justice, d'abord.

Tel est le sentiment de la très grande majorité, parmi les Français, les Anglais, les Belges et les Italiens. Et un mot superbe que j'entendis, l'autre soir, l'illustre magnifiquement. Une mère parlait de son fils devant être appelé au printemps prochain, sous les drapeaux. Et un empressé survint : « Calmez vos inquiétudes, madame. Espérons qu'il ne devra pas être soldat, tout sera fini au printemps... » La dame, avec un éclair fier dans le regard, répliqua : « Non, je ne l'espère pas. Je ne veux pas l'espérer, parce qu'une paix rapide serait une paix boîteuse. Et nous voulons la victoire... »

Parole romaine !

XXII

AVANTI, SAVOIA !

Rome, 18 décembre 1915.

« Avanti, Savoia ! » C'est le cri de guerre des troupes italiennes à l'assaut des montagnes autrichiennes, le cri valeureux et décidé qui résume toute l'action italienne depuis un an. Pour qui en a suivi, comme moi, les péripéties émouvantes, il est impossible de ne pas être rempli de confiance et d'admiration.

Il y a un an, j'assistais à la fameuse séance de Montecitorio, où M. Salandra réclamait d'un Parlement, en majorité neutraliste, un vote de confiance pour la défense des « intérêts essentiels de la patrie et ses aspirations légitimes ». Premier discours annonçant la guerre prochaine, mais de quelle façon enveloppée et ambiguë !

Cette ambiguité irritait les partisans de l'intervention, à l'intérieur, et elle permettait à l'étranger de soupçonner les intentions de l'Italie. On n'avait pas confiance ! Et comme on avait tort !

Nous avons appris, depuis lors, que M. Sonnino, ministre des Affaires étrangères, entamait, dès ce moment, avec une prudence, une fermeté et un bonheur assez rares en diplomatie, des négociations avec l'Autriche qui amenaient la divulgation de la déloyauté de cette dernière, et mettaient en lumière, d'une façon indiscutable, la nécessité et la justice de l'intervention italienne !

Jours de mai. Jours d'émotion et de fièvre, où l'opinion se manifesta avec une autorité irrésistible. Déclaration de guerre à l'Autriche. Joie et fanfares à l'intérieur ; félicitations et acclamations à l'extérieur.

La formule gouvernementale était jusqu'alors la défense des intérêts nationaux : « le sacro egoismo » défini par M. Salandra, et dont on peut dire, malgré les appréciations qui le jugèrent avec sévérité, qu'il est cependant la loi nécessaire et naturelle de ceux qui ont la responsabilité des destinées d'une nation. Mais à raison de sa sécheresse, la formule fit renaître les inquiétudes ; on se demanda, à l'intérieur, si l'intervention n'allait avoir pour but que quelques revendications territoriales ; on craignit, à l'étranger, que l'Italie ne fît une guerre particulière, sans relation avec la guerre européenne. Était-elle l'alliée fidèle et sûre des Alliés, ou seulement une combattante occasionnelle ?

Nouvelles méfiances, aussi injustifiées que les premières. La force des événements précipitait l'évolution fatale. La guerre de l'Italie, au lieu de se limiter, s'élargissait. Et cette extension était peu à peu admise par tous ceux qui, dès le début, avaient hésité.

20 août 1915, déclaration de guerre de l'Italie à

la Turquie. Début d'octobre, déclaration de guerre
à la Bulgarie. Et les discours des ministres Barzilai à Naples, 26 septembre, et Orlando à
Palerme, 22 novembre, — ces grands discours
par lesquels, pendant les vacances parlementaires,
le gouvernement se tenait en rapport avec l'opinion du pays, le renseignait et la guidait — commentent les étapes de cette évolution. De l'un à
l'autre, les intentions se précisent, les suspicions
sont ébranlées. Barzilaï parle avec éloquence des
alliés de l'Italie. Orlando déclare avec autorité
qu'il ne conçoit pas de victoire séparée.

Mais les méfiances renaissent. On remarque que
les déclarations de guerre à la Turquie et à la Bulgarie sont restées platoniques et que les discours
ministériels prêtent toujours aux commentaires et
aux interprétations.

Voici la Chambre réouverte et Sonnino qui
parle. C'est un exposé net, précis, un peu sec.
N'y cherchez pas l'envolée d'un Barzilai ou l'éloquence d'un Orlando. Mais c'est clair, cette fois,
lumineusement clair. L'Italie a signé le pacte de
Londres. Elle agira dans les Balkans. Elle ne
déposera les armes que lorsque ses vœux seront
satisfaits et lorsque les aspirations générales pour
lesquelles les Alliés combattent en Europe, seront
victorieuses.

Et la Chambre approuve à la presque unanimité.
Et la presse enregistre avec satisfaction.

Demain, sans doute, les discussions et les mé-

fiances ressurgiront. Les Italiens peuvent, assurément, continuer à commenter les actes de leur
gouvernement. Mais à l'étranger, et spécialement
en France, il serait inexcusable de marchander à
l'Italie et à ses dirigeants notre confiance et notre
respect. Nous avons besoin de confiance nationale
et de confiance internationale, et en ce qui concerne l'Italie, il suffit de réfléchir, non pas seulement sur l'événement du jour, mais, ainsi que je
viens d'essayer de l'indiquer, sur l'évolution des
événements depuis un an, pour constater combien
cette confiance est justifiée. N'est-ce pas aujour-
d'hui que les Italiens viennent de débarquer en
Albanie ? Avanti, Savoia !

*
* *

24 décembre.

Les discussions recommencent. Le ministère a
une mauvaise presse. Personne n'en est satisfait.
Les neutralistes lui gardent rancune d'avoir déclaré la guerre et les interventistes trouvent qu'il
ne la conduit pas avec assez de décision et d'énergie. Après l'accueil que la Chambre et le pays
avaient fait à l'adhésion au pacte de Londres, on
s'attendait à une action contre l'Allemagne qui
en paraissait la conséquence logique.

Les partis extrêmes, nationalistes, républicains,
radicaux réclament avec insistance cette clarifica-
tion de la situation.

« Si nous avons soutenu le ministère, me disait
le marquis de Viti di Marco, professeur à l'Université de Rome, député de Gallipoli et l'un des
membres les plus distingués et les plus autorisés de la gauche radicale, ce n'est pas à raison de
ses négociations, avec l'Autriche, c'est parce que
l'insuccès de celles-ci ont amené notre intervention. Nous aurions repoussé le parecchio sonninien
comme le parecchio de Giolitti. En appelant Barzilai au ministère en qualité de Triestin, le Gouvernement a déjà élargi ses revendications primitives. En adhérant au Pacte de Londres, il a transformé notre guerre nationale en guerre européenne. Il n'y a plus aucun doute, maintenant,
nous sommes non seulement avec les ennemis de
l'Allemagne, nous sommes les ennemis de l'Allemagne. Pourquoi ne pas le dire ? Pourquoi laisser
perdurer une situation équivoque pleine de périls ? »

XXIII

Rome, 20 janvier 1916.

Dans un curieux décor de poignards et d'icones, nous parlons de la Serbie. Ma chance m'a mené chez une personnalité particulièrement qualifiée pour me renseigner sur la situation de ce malheureux pays, et j'en profite naturellement pour interroger.

— *Finis Serbiae ?*

— Eh non, pas du tout, m'est-il répondu avec énergie. Sans doute, notre territoire est complètement envahi. Les armées allemandes, autrichiennes et bulgares sont partout. Elles ont submergé notre sol, comme une marée dévastatrice ; mais la marée se retirera. Notre roi, notre gouvernement, notre armée demeurent. Et nous gardons l'espoir, quand même, d'une revanche et d'une réparation... Comme vous, Belges...

— Oui, comme nous, Belges. Nous sommes frères dans l'infortune. A chaque extrémité de l'Europe, un petit peuple se trouve écrasé, et, malgré l'horreur tragique de l'aventure, conserve une indomptable foi dans l'avenir.

Et nous nous regardons, pensifs. Mais mon interlocuteur n'accepte pas l'assimilation complète, tout au moins quant au point de départ. Il ajoute :

— Votre sort est peut-être plus imprévu que le nôtre. Vous étiez une nation neutre et pacifique, nous étions une nation guerrière. Vous aviez pu, depuis 1830, réaliser votre unité nationale et conquérir votre indépendance. Nous, nous avions à faire la Serbie et nous avions compris depuis longtemps que notre destinée comportait la lutte. Avec une population de moitié moindre, nous avions une armée plus forte que l'armée belge. Et toute une série de guerres nous avait préparés. Ce que pouvait faire notre armée, on l'a vu dès le début, en août 1914, quand nous avons victorieusement repoussé l'attaque autrichienne. Mais les Allemands sont venus, les Bulgares sont venus ; il a fallu se défendre de tous les côtés à la fois. Nous avons eu, un instant, un front de plus de mille kilomètres à protéger avec nos 300.000 hommes.

C'était évidemment au-dessus des forces humaines. Nous ne pouvions y songer que si nous étions efficacement soutenus par les Grecs, qui s'étaient engagés à le faire et ne l'ont pas fait, ou par les Alliés, qui ne s'étaient pas engagés, mais dont l'intérêt évident se confondait avec le nôtre, et qui l'ont fait... trop tard.

Il y a de la tristesse dans la voix, mais pas d'amertume pourtant.

— Ce que nous avons connu de plus dur, croyez-moi, c'est qu'on nous a défendu de livrer bataille. On nous a conjurés de garder intactes nos forces, d'assurer notre retraite ; on nous a promis des munitions et des vivres en Albanie et à Salonique. Or, nos soldats, qui sont profondément attachés à leur sol, voulaient combattre et mourir sur ce sol. Et succomber les armes à la main sur la terre de la patrie leur paraissait un sort infiniment préférable à languir à l'étranger et à y souffrir peut-être la famine...

Cette fois, il y a de l'amertume. Celui qui me parle reste irrité contre les Alliés qui n'ont pas permis cette grande bataille suprême, épique comme le suicide d'une armée de héros. Je fais remarquer que c'est pourtant à cette tactique de prudence qu'on doit la conservation de l'armée et je demande à combien de soldats on peut encore l'évaluer.

— A 125.000 hommes au moins, m'est-il répondu. Et si l'on veut nous y aider, si l'on veut remplacer le matériel de guerre que nous avons dû détruire pour ne pas le laisser tomber aux mains des ennemis, c'est 150.000 hommes que nous pourrons mettre à la disposition des alliés.

J'admire cette énergie belliqueuse que rien ne peut abattre. Mais la population civile ? Les deux millions de Serbes restés en pays occupé ?

— Pas de nouvelles certaines, hélas ! Et les pires appréhensions sont justifiées. Plus de journaux nationaux, naturellement. Un *Belgrader Tageblatt* publié par les Allemands. Pas de correspondance. La misère doit être affreuse. Les vivres, le bois de chauffage manquent. L'état sanitaire est épouvantable. Des régions, jadis prospères, sont des déserts. Quelques milliers d'habitants se sont sauvés en Roumanie, à Durazzo, à Salonique, en Italie. Le dénuement de ces réfugiés est affreux. Croyez-moi, Monsieur, *l'instant est venu où les vivants envient les morts.*

Je suis frappé de l'air de mystère avec lequel ces paroles sont dites. Mais j'interroge encore sur la Bulgarie et la Macédoine.

— L'occupation bulgare en Macédoine, c'est la fin, le tombeau de tout sentiment bulgare en cette région. Quand les habitants pourront comparer le régime turc, dont ils se souviennent encore parfaitement, le nôtre et celui des Bulgares, la leçon sera décisive. La Bulgarie libératrice ? Allons donc ! Comment pourraient-ils jouer le rôle, ces gens qui se sont asservis à l'Allemagne, côte à côte avec les Turcs, avec ceux-là mêmes qui, il y a quelques années, ont violé leurs femmes, leurs sœurs et leurs filles ? Non, la Macédoine doit être à nous ; elle nous reviendra et nous ferons la grande Serbie... Nous touchons en ce moment le fond de l'abîme de nos douleurs. C'est bien le moment fixé par un de nos prophètes populaires...

Et comme j'esquissais un sourire.

— Ne souriez pas ; bien des choses qu'il a annoncées se sont vérifiées depuis... Il a dit : « Un

temps viendra où les vivants envieront les morts ;
alors la Serbie ressuscitera plus grande » .

Et je compris mieux les armes des panoplies et
les icones des murs...

XXIV

Rome, 31 janvier 1916.

Viterbe ! Quel cadre magnifique pour un « fattaccio », un gros crime sensationnel ! Et comme les souvenirs de meurtres et d'attentats se lèvent ici au détour des ruelles !

Je sais bien qu'elle est aujourd'hui toute endormie et ruinée, la petite ville ; ses maisons de pierre accrochent leurs masses noires aux rochers accidentés de son sol, abrupt et creusé de ravins, les tuiles des toits sont décolorées et couvertes de lichens jaunes, ses aspects sont tous en lignes heurtées, en nuances sombres sans aucune de ces notes de couleur habituelles aux bourgades italiennes ; et la paix des petites cités provinciales est en elle, à peine troublée le soir par les vociférations des marchands de journaux criant les nouvelles de la guerre.

Mais, un peu d'imagination efface aisément toutes les apparences modernes : les femmes coiffées de mouchoirs bariolés, les hommes à la cape noire doublée de drap bleu et fourrée au col, les charrettes et les cinémas, et l'on se retrouve aux temps de légende et de splendeur du XIIIe siècle.

₊

Voici le sarcophage romain que le peuple appelle la tombe de la belle Galliana. Un seigneur des environs, féru d'amour pour cette beauté fameuse entre les Viterbines qui furent en tous temps renommées pour leur charme, la demanda en mariage ; ayant été repoussé, il assiégea Viterbe. La ville était aux abois, lorsqu'il lui offrit la paix à la condition que la belle enfant lui serait montrée sur les murs — sur ces murs frustes et massifs, à créneaux belliqueux, qui font encore aujourd'hui à la ville une si formidable ceinture. La famille consentit, mais à peine Galliana apparut-elle sur la muraille que, pris d'une étrange fureur, son amant éperdu la perça d'un coup de flèche.

Voici la petite place du Gesù, avec une humble église d'une rudesse lombarde. Les pierres noires de sa façade sont, sur chaque côté du fronton, surmontées de monstres difformes que le temps a rongés, mais où on reconnaît encore les lions stylisés d'Orient. Ce fut dans cette église que Guy de Montfort poignarda, en présence du roi Louis de France et de Charles d'Anjou, le comte Henri de Cornouaille, neveu de Henri III d'Angleterre, pour venger la mort de son père, le comte de Leicester, tué traîtreusement à la bataille de Goesham. Il traîna le cadavre au milieu de la place et put s'enfuir impuni. L'étonnante aventure s'agite encore dans les murs qui l'ont enfermée. La haute tour carrée, dans un angle de la petite place, la vieille maison à l'escalier extérieur, étaient peuplés de gens en émoi, et l'on évoque les cris, le tapage du drame, la ruée de tous ces seigneurs vêtus de velours et de satins chatoyants dans le soleil, le cliquetis des armes, les appels, le sang dans l'église, et le coursier piaffant du meurtrier...

Voici, après avoir traversé la place de la Mort et un pont sur le ravin, la cathédrale, flanquée d'une admirable maison du xiiie siècle, et le palais épiscopal, avec la grande salle dans laquelle on enferma les cardinaux lors de l'élection de Grégoire X. Comme ils tardaient à prendre leur décision, le condottiere Gatti fit enlever le toit d'abord, puis les priva de toute nourriture. Un escalier majestueux, large et aux marches peu élevées, se peuple de la lente ascension de toutes ces soutanes et de ces manteaux rouges qui traînent et s'étalent sur les degrés.

Voici, près du Palais, la galerie à ciel ouvert qui, au-dessus d'une épaisse voûte, découpe sur le ciel, la légèreté de ses arceaux gothiques appuyés sur de minces colonnettes doubles d'une exquise élégance et sommés d'écussons aux armes de la ville : le lion près du palmier. C'est de cette loggia que le pape Clément IV prononça l'excommunication solennelle de Conradin de Hohenstaufen. Ce dut être une belle cérémonie, le pape blanc apparaissant au milieu des cardinaux rouges et des théories des abbés mitrés, des puissants chanoines, des multiples dignitaires de la cour ecclésiastique, et le peuple, massé sur la place devant la cathédrale, applaudissant le geste du pontife et hurlant des malédictions contre le rebelle mis hors la loi.

*
* *

Partout, ainsi, Viterbe évoque des récits de sang et d'anathèmes. Partout les voix de la légende et de l'histoire racontent une vie dramatique et violente. Il est même certains quartiers où nulle érudition n'est nécessaire, où l'on peut venir errer, sans rien savoir et en devinant pourtant, par le seul aspect des choses, la rude existence passionnée et batailleuse de jadis, par exemple, ce quartier de San Pellegrino d'où se dégage une étonnante impression de moyen âge. La rue est étroite et tortueuse, des contreforts massifs, propices aux embuscades, épaulent les maisons que des arcs-boutants relient entre elles par-dessus la rue ; chaque coin obscur est une menace et un abri pour la préparation sournoise d'un mauvais coup, on est guetté de tous côtés, ni l'avancée ni la retraite ne sont assurées, et des voûtes, peuvent choir, à l'improviste, des projectiles. Les petites maisons ont un air renfrogné et hostile ; on n'y accède que par des escaliers extérieurs aux marches usées, aboutissant à des balcons d'où on peut facilement repousser les assauts ; tout est mystère, embûche, surprise, défense et bataille. Et sur la toute petite place San Pellegrino, la maison des Alexandre, malgré la sobre élégance de certains détails de son architecture, traduit exactement la réputation de férocité que ces chefs de parti ont laissée dans leur ville.

Que tout cela est sauvage, ardent et sombre ! Les jours et les soirs et les nuits devaient être tragiques. Chaque grandeur se devait doubler de courage, d'intrépidité et de cruauté. Il n'y avait de pardon pour aucune offense. La vengeance, dans l'attente tapie, surgissait inopinément. Toute convoitise de pouvoir, d'or ou d'amour était un chemin de périls et de crimes. Les passions engendraient des chocs d'âme terribles entre ces murs de pierre. On vivait peu, mais fort. Et les petits tremblaient sous les fureurs des grands.

Des siècles ont passé, mais ces souvenirs peuplent encore Viterbe et on les écoute irrésistiblement, au murmure de ces fontaines multipliées par la ville qui en sont une des beautés.

*
* *

On voit la tour de l'Hôtel de Ville, avec sa délicieuse fontaine aux lions dressés et affrontés se profilant sur l'horizon urbain.

On voit San Sixto, avec son primitif inconnu d'une chaude couleur, et son chœur surélevé, encastré dans l'enceinte même de la ville, on voit Santa Maria della Salute avec son portrait gothique aux fines sculptures encadrées de marbres multicolores de goût toscan ; on voit San Giovanni in Zoccoli, avec son polyptique sur fond d'or et ses arcades romaines ; on voit Santa Maria della Verità, transformée en Musée, où triomphent les fresques de Lorenzo da Viterbo, artiste mystérieux qui paraît avoir hérité de la beautégrave de Piero della Francesca, mais toutes les sensations de piété et d'art, quelque précieuses qu'elles soient, n'atténuent pas l'allure farouche de la ville, la mélancolie âpre de ce passé de tumulte, mélangeant si étrangement les prêtres, les artistes et les bandits.

*
* *

Tout autour de Viterbe, s'étendent des régions volcaniques et convulsées. Des lacs se sont formés dans les anciens cratères. Certains terrains sont de la lave refroidie...

De la lave refroidie, voici qui résume bien l'impression unique que j'emporte d'ici et qui fut assez forte pour m'arracher un jour tout entier aux soucis obsédants de l'heure. J'en avais oublié la guerre. En revenant à Rome, les gazettes m'apprennent que les malfaiteurs aériens ont menacé Paris, par deux fois successives. On a encore tué des femmes et des enfants...

XXV

AVEC « NOTRE » CARDINAL !

Rome, février 1916.

— Evviva il *nostro* Cardinale !

Ce cri s'entendit dans la foule innombrable qui était venue acclamer le cardinal Mercier à son arrivée à Rome. Cri touchant par lequel la population romaine s'annexait le primat de Belgique, le sacrait citoyen de la Ville Éternelle, le rangeait parmi ceux qu'on aime et dont on peut être fier. Cri spontané que confirma et amplifia une manifestation solennelle des élus de la cité qui tinrent à saluer, des hauteurs du Capitole, la présence de l'illustre prélat.

Mais quelque flatteur que soit cet élan romain vers le représentant le plus éminent de la tenace résistance belge, quelque chaude et réconfortante que soit la sympathie généreuse des Italiens, qu'il me soit permis de le revendiquer comme nôtre, exclusivement nôtre, à nous Belges. C'est à l'heure présente, si douloureuse et si glorieuse, l'une des plus pures de nos gloires, l'un des plus légitimes de nos orgueils. Et quand on l'approche, on est délicieusement surpris de le trouver si Belge, si délicieusement de chez nous, d'accent, de geste, d'allures, de compréhension, de patriotisme. Il me semblait que les plis de son grand manteau rouge m'apportaient un peu de l'atmosphère du pays. En fermant les yeux, je n'étais plus en exil. Je pouvais m'imaginer une salle du palais archiépiscopal de Malines et, tout autour, les existences, l'air de là-bas, la liberté de jadis. On avait, rien que par sa présence, une impression de sécurité et de réconfort.

Et quand il parlait, des riens faisaient tressaillir et éveillaient mille souvenirs émouvants. Sa grande taille un peu penchée, très élancée dans la robe ecclésiastique bordée de rouge, ses mains longues aux gestes pacifiants, sa figure à peine touchée par l'âge, ses yeux clairs et son sourire où tant de bonté et de douceur s'unissaient à tant de lucide intelligence et de fermeté opiniâtre, sa voix où sonnait, à certains récits, toute la jovialité wallonne, ont frappé tous ceux qui sont venus le saluer.

Souvent les hommes dont il fut beaucoup parlé déçoivent lorsqu'on se trouve devant eux, la réalité étant inférieure à l'expression idéale que l'imagination a composée. Ceux à qui le cardinal accorda audience n'eurent point cette désillusion. Au contraire! Ils s'étonnèrent de le voir apparaître si grand, si plein de lumière. C'était quelque chose d'inexprimable. Un feu intérieur paraissait l'animer et l'éclairer. Cette haute figure — qui évoquait tant de tragiques tourments, — était illuminée d'une allégresse, d'une sorte de joie sereine d'avoir lutté pour la justice et le droit, d'avoir fait — simplement — son devoir. Et cela lui conférait une auguste beauté.

J'ai pu le voir à plusieurs reprises, notamment dans le collège belge, près du Quirinal, dans des salons aménagés pour la circonstance, ornés de peintures dans lesquelles l'excellence des intentions remplace, pour les âmes pieuses, le mérite esthétique. Ce qu'il a bien voulu me dire ne doit point être publié, puisque le cardinal, pour des raisons faciles à comprendre, n'a voulu accorder d'interview à aucun journal. Il n'entend pas fournir aux Allemands le moindre prétexte pour entraver son retour, car il se sent indispensable là-bas.

Il y avait des fleurs sur les meubles, envoyées par des dames de Rome, présentées par des bambins aux candides figures. Le registre déposé à l'entrée était couvert de signatures illustres. Des prêtres et des moines attendaient leur tour, bénédictins noirs, capucins bruns, dominicains blancs et noirs, séminaristes timides. Et je ne me disais pas, comme le grand-vizir à Versailles, que ce qui m'étonnait le plus, c'était de m'y voir ; non, cela me semblait tout naturel. J'étais à l'aise dans ce milieu nouveau Je sentais palpiter quelque chose de l'âme de la patrie. Et la bienveillance toute paternelle du prince de l'Église me fit persévérer dans l'opinion qu'à l'heure actuelle un cardinal et un député socialiste et libre penseur pouvaient se rencontrer pour s'entretenir en amis, des souffrances subies et des espoirs indomptés ; et parmi ces espoirs, nous avions tous deux celui de voir se perpétuer pareille concorde, non seulement pendant l'épreuve, mais même au delà, après la libération, afin que fussent fraternellement, au mieux et an plus tôt, pansées nos plaies et relevées nos ruines.

XXVI

LE PORTO DE LA LÉGATION

Rome, février 1916.

Durant ces journées de l'hiver 1915-1916, exceptionnellement belles, — passées à Rome, avec Richard Dupierreux et consacrées à un travail intense de livres et d'articles pour la défense de la Patrie et la victoire des Alliés, notre promenade quotidienne, presque toujours la seule, était d'aller cueillir les nouvelles et chercher notre correspondance à la Légation de Belgique.

Au sortir de la via dei Condotti, fraîche et pleine d'ombre, s'éployait la place d'Espagne inondée de soleil : au milieu la barque du Bernin chantait sa claire chanson d'eau vive, et les marchands de fleurs étalaient, sur les premiers degrés de l'escalier fastueux qui mène à la Trinité des Monts, leurs bouquets multicolores de roses, d'œillets et de mimosas. En janvier apparurent les branches fleuries de pêchers et d'amandiers, annonciatrices du printemps.

C'était chaque fois un saisissement nouveau et un enchantement, tant le spectacle était grandiose, l'air pur et la lumière éclatante. Elle donnait une beauté unique aux marches de marbre effritées, à tout l'appareil majestueux de cette ascension par deux rampes accédant à un palier, puis à un escalier central, se divisant encore en deux courbes gracieuses avant d'atteindre la place de la Trinité. Une inscription dans une plaque de marbre nous disait que cette architecture élégante et pompeuse, faite pour l'ornement et la commodité de la ville, avait été exécutée sous le pontificat de Benoît XIII, Ludovico XV in Galliis regnante.

L'escalier monumental encadrait ses degrés blancs, du côté de la place d'Espagne, entre les blocs carrés de maisons rougeâtres, et plus haut, entre un eucalyptus déguenillé et des palmiers en houppe. Au sommet, l'église de la Trinité, avec, dans l'axe de ses deux tours, l'obélisque de la place, le tout sur fond d'azur, un azur d'une limpidité inexprimable, comme une immensité faite de regards d'enfant.

On allait lentement, savourant cette splendeur. A mesure qu'on s'élevait, la ville apparaissait. Tout en haut, avec un léger essoufflement, on se retournait pour s'accouder à la balustrade et par-dessus les toits, par-dessus les linges séchant, et les cheminées fumantes, on apercevait la masse blanche et carrée du Palais de Justice, les dômes des églises, celui de Saint-Pierre et les collines boisées du Janicule. Chaque fois il y avait une nuance dans la beauté de ce décor, chaque fois, c'était une découverte nouvelle, et l'on ne se lassait point d'admirer, comme une chose inconnue, le triomphe du soleil et de l'azur.

Notre Légation se trouvait via Niccolo da Tolentino. Installation modeste, trop modeste, humiliante vraiment quand on la comparaît, non pas évidemment à ce merveilleux palais Farnèse où est l'ambassade de France ou à cette demeure princière au milieu d'un parc où est l'ambassade d'Angleterre, mais à d'autres légations de pays d'importance moindre que la Belgique. Nous étions pauvrement représentés ; mais qui donc eût songé avant la guerre que notre diplomatie avait besoin de quelque prestige ?

Une grande façade rose dans le fond de la Piazzetta. A droite, l'église San Niccolo da Tolentino, d'un style jésuite assez déplaisant, mais agréable à voir pourtant à cause de la patine de ses marbres, de son air de décrépitude et d'abandon. Je n'en vis jamais la porte ouverte. Un large escalier y menait, sur les marches duquel, à l'heure de midi, s'assemblaient, en attitudes pittoresques, des mendiants au poil blanc et au vêtement roux. Ils se drapaient dans les loques sordides ; assis, couchés, enfermés dans une torpeur béate, sous le soleil qui réchauffait leur pauvre carcasse. Déchets lamentables d'humanité que, par ironie, nous appelions les impérialistes d'Italie. A quoi rêvaient-ils, ainsi, dans leur soleil ?

Quant au saint qui donnait son nom à la rue et à l'église, il ne m'a pas été donné de faire sa connaissance. Nothomb qui, en sa qualité d'écrivain catholique, me paraissait devoir être mieux documenté, me révéla un jour avec négligence que c'était un saint très sympathique, qui faisait apparaître des oranges sur les assiettes et des sources dans les déserts.

Dans la maison rose, au second étage, une porte de pitchpin montrait un petit cartel de cuivre avec ces mots : Legazione del Belgio. Il faisait froid à l'intérieur. Nos représentants n'avaient pas d'autre chauffage que celui des « impérialistes ». Quelques salles nues leur servaient de bureaux et de salles de réception.

On y était bien, cependant, tant l'accueil était empressé et simplement cordial. Dès le premier jour, je m'y sentis à l'aise, chez des compatriotes, chez des amis.

Et entre midi et une heure, c'était le rendez-vous des Belges de Rome. On allait au porto de la Légation. Entendez bien qu'il n'y avait là qu'une figure : c'était l'heure où l'on aurait pu servir un verre de porto, l'heure de l'apéritif avant le déjeuner. Mais l'installation de fortune excluait de pareilles prodigalités. Le porto était une chimère, mais la bonne humeur une réalité.

Oui, la bonne humeur. Cela semblera étrange, mais c'est vrai. Les moments étaient parfois critiques et les inquiétudes vives, mais on se cuirassait d'espoir. On se voulait opiniâtre, vaillant, optimiste. On était décidé à laisser aux autres une impression réconfortante. Et puis, il y avait une douceur à parler de la Patrie...

Normalement, le personnel de la Légation se composait du ministre, le comte van den Steen ; d'un secrétaire, le comte de Lichtervelde ; d'un attaché, M. Papejans de Morchoven. Notre ministre était l'homme le plus courtois que j'aie jamais rencontré ; l'amabilité était chez lui une chose si naturelle, si spontanée qu'il éprouvait vraiment de la satisfaction à faire plaisir ; c'était aussi un homme de jugement clair et qui connaissait bien les choses dont il avait la charge.

L'aménité du « chef » était un modèle et chacun s'empressait de rivaliser d'amabilité. Le comte de Lichtervelde avait passé sa vie en Chine, au Maroc et avait de pittoresques souvenirs exotiques.

Nous vîmes arriver là, effarés, un jour de janvier, le premier et second drogman de notre Légation à Constantinople. Ils étaient Belges, par naturalisation et dévouement, mais ils appartenaient à des races lointaines. D'abord tolérés par les Turcs, ils avaient été priés de déguerpir et avaient passé à Smyrne pour gagner de là, à travers mille péripéties dramatiques, un vaisseau de guerre anglais qui leur avait permis de débarquer en Italie.

Ils évoquaient l'Orient fantastique et les histoires romantiques de barques pourries, de navigateurs égarés, de naufrages menaçants, d'abordages dans des îles peuplées de paysans-bandits armés jusqu'aux dents. Ce jour-là, l'heure du porto fut romanesque.

D'autres fois, elle était militaire. Notre attaché, le colonel Morel, très élancé dans son uniforme de guide, et son collaborateur, le commandant Masure, en kaki, nous donnaient des nouvelles de l'armée belge ou nous faisaient part de leurs observations au front italien.

Les parlementaires, de passage à Rome, ne manquaient point de venir saluer notre ministre. Mon ami Georges Lorand, toujours en mouvement, toujours plein d'histoires, venait à la Légation pendant les quelques heures ; « per poche ore » était la formule des télégrammes qui l'annonçaient —, qu'il passait à Rome entre deux de ses innombrables conférences. M. Vermersch, le nouveau député de Termonde, aimait à raconter les épisodes saisissants de ses rapports avec les Allemands. Un jour, les correspondants de journaux italiens et étrangers profitèrent de notre présence à tous trois : catholique, libéral et socialiste, pour fêter la Belgique et son union sacrée.

Les écrivains, les journalistes, de suite renseignés naturellement, avaient soin de venir au rendez-vous. C'est là que je vis Nothomb, l'auteur de l'*Yser* et des *Barbares* qui m'expliqua, en grand mystère, son rêve compliqué d'une plus grande Belgique ; Neuray, le directeur du *XXe Siècle*, qui m'exposa, à son tour, un rêve non moins compliqué de politique de concorde nationale ; Willy Benedictus qui continuait dans les journaux la campagne commencée sur les champs de bataille et qu'obsédait la question juive.

Quelques prélats aussi apparaissaient parfois.

Mais c'était plutôt à l'autre légation — celle près le Saint-Siège — qu'ils fréquentaient. Ce n'était pas bien loin. Sur la place Barberini où le Triton du Bernin souffle en sa conque ruisselante, l'hôtel Bristol abritait M. Van den Heuvel chargé à la fois de défendre la Belgique auprès du Vatican et le Pape auprès des Belges prompts à s'indigner de sa neutralité. Notre ancien ministre de la justice s'était rapidement adapté à la tâche difficile qu'on avait imposée à son patriotisme. De sa voix fluette et de ses gestes coupants, il savait, comme nul autre, dépecer un problème, en distinguer les divisions, les clarifier, préciser une situation. Et c'était chez lui un cortège de monsignori, de robes rouges, violettes ou noires, une procession ininterrompue, notamment lors de la visite de Mgr Mercier, et Mlle Van den Heuvel présidait aux réceptions avec sa jeune grâce et ses yeux rieurs.

XXVII

L'ENTENTE DE L'ENTENTE

Rome, février 1916.

Il n'y a pas à dissimuler l'impression très vive que les affaires monténégrines ont faite dans les milieux italiens. A mon sens, l'inquiétude et le malaise ont dépassé les proportions de l'événement, On a entendu, çà et là, des critiques amères à l'adresse du gouvernement, non plus de la part de la faction neutraliste qui n'a pas désarmé, mais même chez ceux qui, partisans de la guerre italienne, avaient soutenu le plus énergiquement le ministère actuel.

Il y avait sans doute des explications à ce désarroi momentané ; on connaît les liens qui unissent au Monténégro la couronne d'Italie ; on connaît aussi le vieux désir italien de la maîtrise de l'Adriatique. L'offensive autrichienne, portée sur les monts qui dominent les ports de la côte, poussant jusqu'à ces ports, était une grosse déception. Ce qui était plus grave, c'est que ces mécomptes serbes et monténégrins étaient l'occasion, dans la presse internationale, de commentaires acidulés dans lesquels chaque nation accusait, plus ou moins ouvertement, une autre d'avoir manqué de prévoyance et de vigilance et de n'avoir pas suffisamment collaboré à l'œuvre commune.

Tout cela était fâcheux et ces récriminations stériles, d'autant plus stériles que les éléments d'une appréciation éclairée manquaient presque toujours. Mais, de ce mal sortira un bien.

Déjà, depuis quelques jours, je constate autour de moi, dans l'opinion italienne, une réaction heureuse. On comprend de plus en plus que si des erreurs ont été commises, c'est parce que nous n'avons pas encore réalisé complètement l'entente de l'Entente. On comprend de plus en plus que toute mesure qui renforcerait cette entente, toute unité de pensée et d'action rapprocherait l'heure de la victoire. L'unité de cette guerre apparaît.

On a cru souvent, en Angleterre et en France, que l'Italie faisait « sa » guerre, une petite guerre distincte de la grande guerre européenne. Cette opinion a eu ses raisons. Mais elle ne correspond plus à la réalité. Non seulement l'Italie a, par un acte solennel — son adhésion au pacte de Londres — lié son sort à celui des Alliés, mais chaque jour l'opinion publique conçoit comme vérité, l'impossibilité d'une victoire ou d'un échec séparé. Les gouvernants ont plusieurs fois exprimé avec bonheur, et propagé de toute leur autorité, cette opinion salutaire. Ce fut M. Orlando, le ministre de la Justice, qui, le premier, la proclama à Palerme ; plus récemment, le ministre Barzilaï, la formulait à son tour. Enfin elle est, très nette, dans les toasts qui viennent d'être échangés entre

MM. Salandra et Sonnino d'une part, M. Briand d'autre part.

*
* *

En France et en Angleterre, le même sentiment se manifeste. On a besoin d'union et d'unité. L'une de nos infériorités vis-à-vis des Empires Centraux est précisément cette dispersion des efforts, cette divergence sur les buts à atteindre et les actions à poursuivre, cette difficulté de se concerter, tandis que l'Allemagne, si elle n'a pas réussi à nous conquérir, a réussi du moins à conquérir ses alliés et à soumettre à sa volonté les Autrichiens, les Turcs et les Bulgares.

On a donc salué avec joie les rencontres des chefs militaires et les voyages des hommes politiques. Londres et Paris ont été rapprochés, Paris et Rome aussi. Il reste Petrograd. Et nous arriverons enfin à cette unité d'action proclamée par tous indispensable !

Il y a sans doute à la satisfaction de ce désir de grosses objections, toutes celles qu'un peu de réflexion révèle, et toutes celles que nous ne voyons pas. Mais il faut que l'opinion, dans chaque pays, seconde la bonne volonté des gouvernants, la stimule, l'aide à triompher des obstacles, réclame incessamment l'organisation effective et pratique de la prévoyance et de la cohérence. Tout pas dans cette direction est un pas vers une victoire plus prompte, vers un triomphe plus complet.

Aussi est-ce avec une grande satisfaction que j'enregistre cette évolution de l'opinion italienne — qui paraissait la plus particulariste — et qui, aujourd'hui, accepte comme un bienfait une coordination des efforts militaires ou diplomatiques qui lui eût semblé intolérable il y a six mois.

Il n'y a pas une guerre italienne, une guerre russe, une guerre anglaise, une guerre française. Il n'y a qu'une guerre. Chacun pour tous et tous pour chacun. Jamais la solidarité internationale n'a été plus évidente. Jamais l'unité dans la défensive et dans l'offensive n'a été plus nécessaire.

XXVIII

Rome, *17 février 1916*.

Hier, à Sainte-Adresse, les Ministres de France, de Russie et d'Angleterre ont fait à M. Beyens, notre ministre des Affaires étrangères, la solennelle déclaration que voici :

Les puissances alliées, signataires des traités qui garantissent l'indépendance et la neutralité de la Belgique, ont décidé de renouveler aujourd'hui, par un acte solennel, les engagements qu'elles ont pris envers votre pays héroïquement fidèle à ses obligations internationales.

En conséquence, nous, ministres de la France, de la Grande-Bretagne et de la Russie, dûment autorisées par nos gouvernements, avons l'honneur de faire la déclaration suivante :

« Les puissances alliées et garantes déclarent que, le moment venu, le gouvernement belge sera appelé à participer aux négociations de paix et qu'elles ne mettront pas fin aux hostilités sans que la Belgique soit rétablie dans son indépendance politique et économique et largement indemnisée des dommages qu'elle a subis. Elles prêteront leur aide à la Belgique pour assurer son relèvement commercial et financier. »

Nul parmi les Belges, en territoire occupé comme dans l'exil, nul n'avait jamais douté de la volonté des Alliés, plusieurs fois exprimée déjà ; mais il est doux d'entendre répéter des paroles qui fortifient l'espoir. Il y a d'ailleurs dans cette déclaration quelque chose de nouveau : nous serons appelés à discuter les conditions de notre restauration. Cela n'avait pas été dit encore et c'est, au milieu de nos malheurs, un hommage précieux à notre dignité.

Le ministre d'Italie a annoncé de son côté au baron Beyens que l'Italie, n'étant pas au nombre des puissances garantes de l'indépendance et de la neutralité de la Belgique, n'avait aucune objection à ce que la déclaration susdite fût faite par les Alliés.

De son côté, le gouvernement japonais a fait une communication identique.

L'Italie s'associe donc à la déclaration des Alliés. Fort bien ! Mais que cette expression diplomatique est sèche et froide ! Comme elle correspond peu à ces sentiments ardents que je sens frémir autour de moi, ici, chaque fois qu'il s'agit de la Belgique. J'éprouve un peu d'amertume à constater combien le langage officiel est glacé. Le *Secolo* de Milan le remarque aussi. La diplomatie sans doute impose ces formules réservées, mais comme il serait injuste d'apprécier sur de pareils documents l'âme de ce peuple ! Elle est autrement révélée par les multiples déclarations d'orateurs, d'écrivains et de poètes, apportant à mon pays les couronnes et les palmes qui sont dues aux martyrs et que je suis occupé à réunir dans un petit volume : *L'Italia per il Belgio*, qui dira mieux que les phrases des plénipotentiaires, ce que nous devons de reconnaissance à l'idéalisme et à la générosité de l'Italie, qu'on n'apprécie point assez à l'étranger [1].

1. *L'Italio per il Belgio*, Milan, Trèves, 1916. — Une traduction française a paru chez Van Oest sous le titre : *Opinions italiennes*.

XXIX

Tarente, février 1916.

Nous nous promenons sur le quai, en attendant
le canot qui doit nous mener vers un des grands
cuirassés de la flotte italienne. La ville s'enlève
dans le ciel bleu sur son double rocher qui enferme,
comme dans une tenaille, la « Petite Mer » pareille
à un lac. Un passage étroit sur lequel est jeté un
pont tournant la fait communiquer avec la baie
proprement dite, admirablement disposée en un
vaste hémicycle que protègent des îles pareilles à
de vigilantes sentinelles.

Près du pont, le château des Espagnols as-
semble ses grosses tours rondes rébarbatives.
Et de chaque côté du canal, des maisons blanches,
vétustes et pittoresques dans la vieille ville, hautes
et correctes dans la partie neuve, se pressent les
unes contre les autres, surmontées de terrasses,
donnant au rivage un vague aspect africain. Dans
les verdures environnantes, les masses cubiques des
villas chaulées font d'éclatantes taches blanches.
Quelques cheminées fumantes révèlent des labeurs
d'industrie.

Tarente est une ville de marins. Certes, on y
voit comme partout, des soldats aux uniformes

gris vert ou brun jaunâtre, mais on y voit surtout les gars de la flotte. Ils vont, viennent, emplissent les quais et la ville de leurs silhouettes bleu foncé, avec le grand col bleu clair aplati sur les épaules, le béret rond, et les officiers aux uniformes sombres à boutons d'or, à la casquette galonnée d'or, avec de grandes pèlerines élégantes, les croisent au milieu des saluts. Cette population de gens de mer, superposée aux militaires et aux civils, donne à Tarente une physionomie spéciale.

Sur l'eau bleue de la mer intérieure, des barques passent avec une douceur lente, sous leurs voiles gonflées. Plus vite va cette autre, au rythme cadencé de ses dix rameurs. Plus vite encore, repoussant l'eau en écume blanche, ce canot à essence. Et cela fait, sur les flots scintillants, une vie animée autour des grands vaisseaux de guerre immobiles et silencieux. Un ronflement de moteur dans l'air : c'est un hydroplane qui file à toute vitesse, qui n'est bientôt plus qu'un oiseau dans le ciel, et qui redescend ensuite, avec souplesse et précision, se poser sur la mer, pareil à une mouette légère.

*
* *

Et nous voici sur la forteresse flottante. Elle est à la fois gigantesque et minutieusement ordonnée. Le commandant, qui réunit à la courtoisie des manières, le charme d'un esprit cultivé et original, m'en fait admirer les détails. Les lourds canons se lèvent à son signal, les tourelles se meuvent avec aisance, vers des cibles supposées. Je descends dans les entrailles du navire, je constate combien méthodiquement, avec quels sûrs mécanismes, se fait le chargement des projectiles et la manœuvre de ces engins formidables. Je vois combien la vie de l'équipage — douze cents hommes — peut se disposer dans un minimum d'espace : hamacs pour le sommeil, tables et cuisines pour les repas, infirmerie pour les malades et les blessés, bibliothèques pour les loisirs. Tout est précis comme une pièce d'horlogerie.

Et l'on songe aux moments du combat, quand le pont complètement débarrassé, est presque à ras des flots, que chacun est dans son étroite prison d'acier, attentif aux ordres transmis par les téléphones et les porte-voix, au milieu de l'assourdissant fracas des détonations, des chaudières et de tout le métal trépidant. Alors, le navire est une étonnante leçon de solidarité humaine ; sauf le commandant, nul ne sait si c'est là victoire ou la mort, nul ne peut se rendre le moindre compte des péripéties de l'action et des dangers multipliés, mais tous savent que le salut commun dépend de l'effort de chacun, et tous font leur devoir, méthodiquement, avec l'héroïsme du courage obscur, sans témoins et sans espace.

Avec quelle impatience officiers et marins attendent l'ordre de départ ! Ce serait un grand cri de joie, me disait le commandant, le jour où l'on nous permettrait de prendre la haute mer et d'affronter l'ennemi ! Cette inactivité nous pèse et nous désole.

Mais les conditions de la guerre navale ont à ce point changé que ce serait folie sans doute que de livrer ainsi un cuirassé qui coûte près de cent millions et trois ans de travail, aux risques d'une mine ou d'un sous-marin qui peut le faire disparaître en quelques minutes. Les vaisseaux d'Allemagne sont à Kiel et ceux d'Autriche à Pola, dans les mêmes conditions d'impuissance.

Toutefois, qu'on ne se hâte pas trop de conclure, ainsi que le fait trop facilement le grand public, à l'inutilité des forces navales. Si les grandes unités sont momentanément paralysées, les types secondaires sont sans cesse en mouvement. Et il convient de rendre hommage à l'activité heureuse de la flotte italienne qui a transporté des régiments en Albanie et sauvé des troupes serbes au milieu des périls les plus complexes. Il y a là des opérations qui, sans avoir l'éclat d'une victoire, en ont toutes les difficultés et l'efficacité.

De tout ce que j'ai vu, de tout ce que j'ai entendu, j'emporte une impression très noble. L'esprit de lutte et de sacrifice qui préside à ces colosses d'acier est très élevé. Un des navires de l'*armata* d'Italie a pour devise un vers de Dante : *con l'animo che vince ogni battaglia* ; un autre arbore une pensée de Léonard de Vinci : « Il ne se trompe pas de route, celui qui a les yeux fixés sur une étoile », et ce ne sont pas là seulement de beaux pavillons littéraires, mais très réellement l'expression suprême du sentiment intime de ces équipages prêts à mourir pour leur pays.

****

Un homme, sur le pont, m'offre une carte postale et j'y lis cette belle prière qu'un des grands écrivains de l'Italie d'aujourd'hui, Fogazzaro, composa pour les marins :

« Vers toi, ô Dieu grand et éternel, Seigneur du ciel et de l'abîme, à qui obéissent les vents et les ondes, nous, gens de mer et de guerre, officiers et soldats italiens de cette Flotte sacrée de la Patrie, vers toi, nous élevons nos cœurs. Sauve et exalte dans sa foi, ô Dieu grand, notre nation ; sauve et exalte le Roi ; donne à notre drapeau juste gloire et puissance ; ordonne aux flots et aux tempêtes d'y concourir ; fais planer sur l'ennemi la terreur ; ceins pour toujours nos poitrines d'un acier plus fort que celui qui ceint le navire, et donne-nous, pour toujours, la victoire. Bénis, ô mon Dieu, nos maisons lointaines et nos parents chers ; bénis, dans la nuit qui tombe, le repos du peuple ; bénis-nous, nous qui, pour lui, veillons en armes, sur la mer ! »

****

Tarente est une ville de contrastes : l'immensité du ciel juxtapose son limpide azur à l'immensité de la mer indigo ; ces espaces illimités s'opposent aux masses pressées des maisons sur les rochers ; et dans l'ordre moral aussi, l'activité moderne, ardente et fiévreuse, fait antithèse aux souvenirs de la grande Grèce. Un musée, de formation récente, et pourtant très riche déjà, y ajoute son témoignage. Son directeur, M. Quagliati, m'y fait suivre, notamment dans l'art de la poterie, de la céramique et de la monnaie, toute l'évolution d'une humanité si lointaine qu'elle en est fabuleuse, depuis les temps antérieurs à l'histoire jusqu'aux meilleures époques des vases grecs ornés de figures.

*
* *

Sur la tour espagnole, un disque est hissé pour annoncer que le pont de fer, entre les deux villes, va être ouvert. Aussitôt, les marins de garde interrompent la circulation ; la masse métallique, lentement ébranlée, se sépare en deux moitiés, décrivant chacune, en sens opposé, un quart de cercle. Un croiseur, gris, crachant dans l'azur les volutes d'une longue fumée noire, va passer, paré de ses pavillons bariolés.

Les charrettes légères se rangent le long du quai. Les passants forment des groupes nombreux. Ils se rangent pour laisser défiler un régiment qui part pour l'Albanie. Les soldats vont d'un pas pesant courbés sous les sacs chargés de bidons et de pelles. Quelques Anglaises, masculines et

plates, vêtues d'identiques waterproofs gris et coiffées de feutre, attirent l'attention.

Dans l'affairement de la rue, s'arrête un enter-
rement d'enfant. Sept ou huit moines en robe
brune à capuchon, des surplis blancs sur les
épaules, portant, les uns, un parapluie, les autres,
un paquet de cierges, causent familièrement. Le
vent de la mer fait flotter les surplis, et les moines
luttent avec des attitudes bizarres contre les assauts
de la bise. Ils ont de brutales et sournoises figures
de brigands ou de filous. Parfois, ils rient impu-
demment. Derrière eux, un char funèbre, de bois
brun plaqué d'ornements argentés, contient un
cercueil très blanc entouré de lampes roses. L'étrangeté des couleurs et des formes évoque, grotesque
et inévitable association d'idées, l'inspiration des
confiseurs et des confectionneurs de *cassate* sici-
lienne. Haut perché sur le siège, un conducteur,
vêtu comme un général de comédie, fait noncha-
lamment claquer son fouet par-dessus quatre
mulets fourbus, disparaissant sous des housses
blanches frangées de jaune. Des trous ronds
entourent de baroques lunettes leurs regards rési-
gnés. Quatre jeunes filles vêtues de noir, portant
des cierges, quatre autres vêtues de blanc, portant
des palmes, entourent le char, très soucieuses,
elles aussi, de se protéger des violences du vent.
Puis vient une seconde voiture, plus extraordinaire
encore, dont les panneaux d'un ivoire éclatant
sont entourés de moulures oranges et semés de

fleurettes aux tons criards. Elle a la forme d'un demi-œuf, posé dans le sens de sa longueur et contient un autre cercueil plus blanc et plus influencé encore par l'art des pâtisseries.

Mais voici le pont fermé et la circulation rétablie. Chacun repart vers sa destinée. Je vois les dos des soldats d'Albanie s'effacer dans le lointain; les Anglaises vont vers leurs blessés, les charrettes paysannes se mettent en mouvement aux cris des conducteurs; et le petit cortège funèbre s'éloigne vers le cimetière avec ses moines bruns et ses fillettes blanches. Parmi tant d'indifférence, je suis le seul, peut-être, à le suivre d'un regard de sympathie et d'adieu.

XXX

Rome, février 1916.

Tarente était une étape dans une série de conférences à travers l'Italie méridionale, qui comprit Reggio di Calabria, Catanzaro, Tarento, Lecce, Bari, pour se terminer à Naples. Excursion qui m'avait séduit, parce qu'elle complétait celle de Sicile et me permettait de voir des paysages, des états d'âme et des problèmes sociaux dont on se fait des idées insuffisantes et souvent erronées à Milan ou à Rome.

L'organisateur de ces réunions était un jeune homme, M. Umberto Zanetti Bianco, secrétaire de l'association du Mezzogiorno. Il avait tenu à m'accompagner partout, de telle sorte qu'au cours de cette semaine, nous avons pu avoir de longues et cordiales causeries. J'ai été surpris et charmé de trouver chez lui tant d'érudition mêlée à tant de générosité. Ce n'est pas une nature banale, en vérité. L'axe de sa vie est un sentiment du devoir envers l'humanité. Il est l'un des représentants de cette admirable jeunesse italienne, active et studieuse, frémissante d'idéalisme, qui autorise tant d'espoirs. Sa modestie et la dignité naturelle de son caractère l'éloignant des tumultes de la politique et de l'électoralisme, il s'est voué, sans phrase, à des œuvres d'amélioration sociale. Bien que né, d'une mère anglaise, dans une famille piémontaise, il est venu s'établir dans la Calabre abandonnée, parce qu'elle lui apparaissait comme un champ pour le dévouement. Après avoir, pendant plusieurs années, étudié le milieu et ses problèmes, il a fondé, avec patience, des écoles pour les enfants du premier âge, des bibliothèques, des Universités populaires. D'autre part, sa sollicitude pour la souffrance l'attirait vers des questions plus générales. Il dirige, sous le pseudonyme de Giorgio d'Acandia, une collection de publications, intitulée *Giovane Europa*, Jeune Europe ! Titre mazzinien, qui donne la mesure de l'âme qui l'a choisi. Les nationalités opprimées ont pu y faire entendre leur voix ; les Albanais, les Tchèques, les Polonais, les Arméniens, les Juifs y ont trouvé d'ardents défenseurs. La pensée du grand Génois, de l'apôtre du Risorgimento, continue à éclairer, d'une flamme pure, le chemin de la tradition italienne.

*
* *

Nous fûmes d'abord à Reggio. Reggio, comme Messine, sa grande sœur mutilée, qui lui fait face, de l'autre côté du détroit, laisse voir, dans un des plus beaux paysages du monde, de terrifiants aspects de destruction et de bouleversement. En quelques secondes, le tremblement de terre de 1907 y a réduit à néant l'œuvre des siècles. Les ruines sont encore béantes ; on y voit pendre des toits crevés sur des murs écroulés comme au lendemain d'un bombardement. Les plaies de la terre ne sont pas encore pansées, et, si la vie des hommes n'a pas voulu quitter ces lieux enchanteurs et terribles, elle s'est faite inquiète, craintive, s'est abritée dans des hangars de bois ou de frêles constructions de tôle, qui ont l'aspect provisoire de campements américains.

Mais par-dessus ces dévastations, la nature garde sa majesté et son sourire. Quand nous quittons Reggio, au petit jour, le soleil se lève derrière l'Aspromonte, il touche les monts siliciens et l'Etna colossal, il dessine peu à peu, dans les brumes du matin, les lignes blanches des villages de la côte, il caresse d'éclats rosés les vagues de la mer bleue, en une féerie de nuances changeantes d'un charme et d'une douceur inexprimable...

*
* *

Après Tarento, nous visitâmes Lecce, petite capitale accueillante et douce, originale non seulement par le baroque de ses édifices, mais par la culture élégamment policée de ses habitants ; nous nous arrêtâmes à Bari, faite de deux cités accolées, la nouvelle, soudainement grandie et chaque jour grandissant davantage, la vieille, resserrée, sur les rocs étroits. Celle-ci est un pittoresque enchevêtrement de ruelles sarrasines, au milieu desquelles se dressent le château-fort et les merveilleuses églises d'autrefois, où se mêlent, en une harmonie faite de grandeur, de force et de délicatesse, des caractères arabes, romans et byzantins, et que le temps ruine, après que les a outragés le mauvais goût de chanoines transformateurs.

Aux environs de Bari, dans un champ planté d'oliviers, une confrérie russe élève une maison — hôtel, couvent, refuge, — pour les innombrables pèlerins de cette nationalité qui viennent chaque année faire leurs dévotions au grand saint Nicolas, dont Bari conserve le corps vénéré. C'est une construction bizarre, rigoureusement russe, mais qui a un air de famille pourtant avec les églises romanes de la vieille ville. L'architecte veut bien nous en faire les honneurs. C'est grandement compris. Partout de l'espace et de la lumière. Une impression de force et de sérénité. Là seront les réfectoires, la bibliothèque, les cellules. Tout un mobilier de caractère russe est préparé pour les diverses salles. Des balcons à arcades en plein cintre courent le long du bâtiment. Un escalier monte vers l'église. Et pendant notre visite, la nuit est venue. Tandis que notre guide nous donne d'une voix timide les explications nécessaires, et indique comment l'entreprise est une triple manifestation d'art, de piété et de nationalité, la petite flamme d'une bougie peut à peine faire fuir l'ombre dont se sont remplis les couloirs et les salles. Mais au dehors, la lune pâle éclaire les oliviers ; on aperçoit dans le cadre des fenêtres romanes leurs troncs tordus sous les clartés d'argent... Comme on est loin, mon Dieu ! loin de tout ! quelle étrange atmosphère de recueillement, de solitude et de paix ! Comme on serait bien ici, pour la méditation studieuse, si la vie n'était pas là, impérieuse, pour vous rappeler le devoir de la lutte.

*
* *

Plus émouvante que les paysages, en ces tragiques moments, nous apparaissait l'âme du peuple. Je la retrouvais toute pareille à celle que me révélèrent mes journées de Sicile, en septembre 1915.

La Sicile et la Calabre, en effet, l'Italie du midi et l'île, ne sont séparées que par le mince détroit de Messine qu'on traverse en une demi-heure de ferryboat ; elles sont plus proches encore dans leurs sentiments, dans leurs opinions et particulièrement dans leur réaction devant le phénomène de la guerre.

La Sicile et l'Italie au sud de Naples forment un tout. Et ce tout est bien différent de l'Italie au nord de Naples. Les nations qui s'étendent ainsi sur une grande surface terrestre, dans le sens de la longitude, sont fatalement coupées en deux. C'est le soleil qui crée, à partir d'un certain point, une autre psychologie, en même temps qu'une autre physiologie, une politique différente en même temps qu'une sentimentalité différente. Il y a, en

France, une question du Nord et une question du Midi. La centralisation politique et la longue tradition de vie commune l'ont certes réduite, mais elle se révèle encore de temps en temps. Il y a toujours un pays de langue d'oc et un pays de langue d'oïl. En Italie, où la centralisation est plus récente, la question du midi est une plaie vivante au flanc de la patrie.

C'est une question très ancienne ; elle est née en même temps que l'Italie, puisqu'elle prend sa source dans la constitution même de la péninsule, tant au point de vue géographique qu'au point de vue ethnique. Deux races, deux pays, avec des intérêts divers, des lignes commerciales divergentes, des activités, une production naturelle et industrielle en opposition l'une à l'autre. Mais deux races et deux pays, hâtons-nous de l'ajouter, unis par la tenace volonté de vivre en commun et de fortifier cette Italie qu'ils ont constituée de leurs efforts collectifs.

C'est une question complexe, comme toutes les questions anciennes, car il s'y est mêlé, depuis une quinzaine d'années surtout, un élément bien fait pour l'exaspérer et la compliquer : la persistance du ministère Giolitti. Homme du Nord, protagoniste des intérêts et des affaires du Nord, le président du Conseil, à qui il a été donné, pendant plus de deux lustres, de pouvoir nommer les fonctionnaires, en a profité pour tenter l'asservissement du Midi. Les préfets giolittiens ont été les agents

de cette corruption politique organisée. La repré-
sentation elle-même était faussée par l'appui accordé
par le Gouvernement tantôt à droite tantôt à
gauche, sans principe, uniquement en raison des
personnalités et de leur dévotion aux volontés du
maître.

La question du Midi a un double aspect : le
midi se plaint, d'une part, d'être victime d'une
inégale répartition des travaux publics, routes,
cours d'eau, chemins de fer, empêchant le développement de la population. Et d'autre part, il
souffre de ne point voir étendre au travail agricole
les mesures de législation ouvrière votées par le
Parlement. A ses réclamations le Gouvernement
a répondu, de temps à autre, par une réforme.
Mais elle ne portait que sur une situation isolée,
un cas particulier, et cet empirisme n'était fait que
pour retarder une solution définitive, qui procéderait
d'un examen sérieux du problème tout entier.

Ce rappel d'une situation qui préoccupe toute
la population méridionale est nécessaire pour comprendre quelle fut l'attitude des esprits de ces
régions au moment de la déclaration de guerre. Ce
qui rend une guerre populaire dans une partie d'un
pays n'est pas nécessairement efficace dans une
autre région du même pays. Les peuples sont portés vers les grands conflits internationaux par un
faisceau de forces morales diverses.

On a vu, dans la guerre italienne, hors d'Italie,
une guerre irrédentiste. Il s'agissait d'arracher à

l'Autriche des territoires qu'elle retenait indûment, Trente et Trieste, terres italiennes dont l'italianité est foulée aux pieds par les forces policières de Vienne, voilà, semble-t-il, le facteur sentimental le plus efficace qui portait en avant l'Italie. Et, certes, le soldat vénitien meurt au Carso pour Trente et Trieste. Le Milanais et le Ligure, qui ont de l'Autrichien dominateur des souvenirs encore tout cuisants, ont au cœur la rage d'une vengeance, mais ils se libèrent en même temps de cette emprise économique allemande qui s'était lentement organisée dans toute l'Italie industrielle et commerciale, donc, surtout, dans l'Italie du Nord.

Mais le Méridional ?

Le Méridional, lui, n'a pas de raisons bien spéciales de vouloir Trente et Trieste. Ces villes sont si loin de lui, sur la carte. Elles sont si loin de lui dans le sentiment. Songez que, pendant les trente ans de Triplice, les questions de l'irrédentisme trentinois et triestin furent, en Italie, des questions sur lesquelles on devait faire silence. Tandis que la question de l'Alsace-Lorraine était restée en France, un des foyers de l'excitation patriotique, la question de Trieste était une question morte pour les écoliers, pour les publicistes, pour le gouvernement de l'Italie.

Qu'un exemple illustre ce que j'avance : en 1890, le ministre Seismit-Doda assista à un banquet, au cours duquel, en un toast, un convive fit allusion aux frères opprimés. Le Ministre fut destitué vingt-quatres heures plus tard, pour n'avoir pas immédiatement protesté.

Donc, ayant peu de raisons ethniques et historiques de vouloir Trente et Trieste, n'ayant aucune éducation irrédentiste, le Méridional devait avoir d'autres motifs d'être favorable à la guerre.

Est-ce l'idée d'une libération de l'emprise économique de l'Allemagne ? Je ne le pense pas. Il y a peu d'industrie dans le Midi. L'infiltration allemande n'y a pas été aussi sensible qu'ailleurs. Et les Allemands qu'on y voyait étaient ou des touristes ridicules promenant le Baëdecker devant les mosaïques de la chapelle palatine, à Palerme, et sur les ruines du théâtre de Syracuse, ou des esthètes transportant au pied de l'Etna, dans la merveilleuse Taormina, leurs mœurs douteuses et leurs élégances bizarres, ou l'Empereur lui-même, croisant en yacht blanc, sur les eaux bleues. Tous ces Allemands-là rapportaient gros au pays et ils semblaient ne lui prendre que peu de chose.

Non, si la guerre est populaire dans le Midi, c'est pour d'autres raisons. Et voici les principales.

La première, je la vois dans la force sentimentale même du Méridional et du Sicilien. Il n'y a point d'hommes plus loyaux et plus honnêtes que ces gens qu'on représente encore armés jusqu'aux dents, en bandits romantiques. Ils ont de l'équité et du droit une sorte de sentiment patriarcal, intransigeant. S'ils se font parfois justice à eux-mêmes, c'est qu'ils trouvent la justice de l'État trop conciliatrice et qu'ils lui veulent donner des leçons de rigidité. Et ils ont vu, dans cette guerre, avant tout, le grand schéma d'idéalisme qui en tracera l'image pour les siècles à venir : lutte du droit contre la force, de l'équité contre la violence. C'étaient des gens de Sicile qui me disaient un jour, au moment de quitter Florence pour le front : « Je m'en vais venger la Belgique ! » Le mot est peut-être naïf, mais il y a toujours dans la beauté quelque chose d'ingénu. Et ce mot est beau, et traduit exactement l'élan de ces âmes vers le peuple martyrisé.

A côté de ce sens profond de l'enthousiasme méridional, qui tient aux racines mêmes de l'être, je lui en trouve un autre. Il a vu dans cette guerre une guerre de libération régionale. Eh oui ! cette guerre, on ne l'a pas seulement faite contre l'Autriche, on l'a faite contre Giolitti. On l'a faite tout d'abord contre lui. Et quand après sa tentative de reprendre le pouvoir, il est rentré se terrer dans le Piémont, c'était le premier ennemi qui battait en retraite. Ce que j'ai dit de la question du Midi et de l'influence néfaste qu'y eut M. Giolitti laisse comprendre qu'après avoir remporté cette victoire, les Méridionaux se devaient d'être prêts à toutes les souffrances, à toutes les batailles.

Et ils le sont. J'ai senti partout la même foi, le même élan, la même volonté d'aller jusqu'au bout. Dans les villages où je passais, en Sicile, on me disait : « Nous avons déjà autant de morts ! » Il y avait dans ces mots de la fierté grave. On comprenait partout qu'en offrant des fils à la patrie, la cité enrichissait son patrimoine d'honneur. Parmi les soldats d'Italie, si vaillants en une si dure guerre, les Méridionaux sont les plus vaillants. Ces buveurs de soleil combattent sur les monts, dans la neige par 25 degrés de froid. Ils ne se plaignent pas. Ils luttent joyeusement. Ils sentent, derrière eux, toute une population qui les soutient. Une femme de pêcheur, à Bari, qui avait perdu deux fils à la guerre, me disait en me montrant le troisième, solide adolescent aux yeux doux d'oriental : « Ils peuvent me prendre celui-là aussi, s'il le faut, pour être victorieux. »

Victorieux, on le sera, car partout, la foi soutient les cœurs, car on va vers les batailles de demain, selon le mot grave du Dante *Con l'anima che vince ogni battaglia*, avec l'âme qui donne toute victoire.

XXXI

LES JOURNÉES DU PRESTITO

Rome, février 1916.

Comme tous les autres pays en guerre, l'Italie a dû, pour faire face aux dépenses formidables qui lui sont imposées, recourir à un emprunt illimité. Il a été organisé selon les méthodes anglaises de publicité à outrance, et les rues des villes et des bourgades en ont pris une physionomie spéciale. Les affiches couvrent les murs, se suspendent au travers des rues, se répètent, en formats diminués, aux étalages des magasins, profèrent aux passants un appel incessant. Nul n'est admis à ignorer la grande requête de la nation. Tous sont impérieusement priés de l'accueillir et d'y faire droit sur l'heure.

Nulle pression, pourtant. Chacun reste libre. Mais tous les arguments que peut invoquer la persuasion sont mis en œuvre.

Les journaux les commentent en de longs articles, les hommes politiques les développent en des meetings multipliés. Les banques rivalisent de zèle et d'ingéniosité.

Le Credito Italiano a eu recours à l'affiche illustrée. La première représente un alpin, vêtu de gris vert, le feutre à la plume de faisan sur la tête, la grosse écharpe au cou, l'uniforme taché de neige, qui écrit à ses parents : « Donnez vos épargnes à l'emprunt national. Faites-le dans votre intérêt, faites-le pour moi, pour la patrie ! » La seconde, placardée un peu plus tard, représente les vieux. Le père, assis, contemple un titre de rente d'État ; la mère est derrière lui, curieuse et attentive ; sur le meuble, est le portrait de l'alpin, et les vieux répètent le conseil du fils : « Pour notre intérêt, pour lui, pour la patrie ! »

Ces deux compositions sont expressives et directement adressées à la psychologie des masses italiennes. Ces deux vieux paysans sont bien ceux d'ici : ils ont lentement amassé quelques économies, en s'imposant une vie sobre et dure ; ils y tiennent en raison des privations dont elles sont le résultat et l'emblème ; ils sont, pour tout placement, méfiants et craintifs ; pour vider leur bas de laine, il leur faut la certitude de ne pas courir de risques, et de le faire à bon escient. Mais, outre leur intérêt, il y a leur affection ; il y a le fils qui combat héroïquement dans la neige des Alpes ; il faut l'aider, lui-même le demande, et qui connaît la solidité que les liens familiaux ont conservé en Italie, comprendra le caractère pressant de cet appel. Il y a enfin, le devoir envers la patrie, la patrie à laquelle tout Italien est profondément attaché et qu'il aime d'autant plus, à cette heure tragique, qu'il la voit engagée dans une lutte formidable. Reconnaissons que cette double estampe est singulièrement réussie pour le but qu'elle se propose. Elle se retrouve partout, répétée jusqu'à l'obsession, dans toutes les rues de Rome ou des villes de province.

La Banca Commerciale, elle, a installé sur le toit d'une maison de la place Saint-Sylvestre, en face de la poste, un cinéma, et chaque soir, la foule s'amasse pour contempler le spectacle gratuit. Mêlées à des scènes de guerre ou de farce, passent sur l'écran des réclames pour l'emprunt, des renseignements sur les facilités accordées par la banque aux souscripteurs, l'indication des avantages du placement et de ses raisons patriotiques.

A travers le Corso, des banderoles aux couleurs nationales sont tendues pour rappeler l'emplacement des banques et le concours qu'elles apportent à l'emprunt. Sur les palissades et les murailles, des imprimés redisent la nécessité de nouveaux canons, de munitions multipliées, l'héroïsme des soldats, le devoir de leur offrir l'aide financière incombant aux civils, la trahison de celui qui s'abstient, la sécurité du placement et l'importance du revenu ; les arguments intéressés ou idéalistes se juxtaposent, accrochent l'attention des uns ou des autres...

Parmi ces objurgations, il en est une qui s'adresse à l'amour-propre national ; la France a donné à son gouvernement quatorze milliards, l'Angleterre vingt ; que donnera l'Italie ?

Nul ne peut pourtant espérer que l'Italie soit capable d'atteindre à de pareils chiffres. Elle est loin de pouvoir comparer ses disponibilités à celles de la France ou de l'Angleterre. Les finances de l'État, de cet État né dans des conditions difficiles et dont les facultés n'ont pas suivi le développement rapide, ont souvent été en déficit (à l'exception des années 1875 à 1883, et 1898 à 1911). Le problème de l'équilibre du budget a toujours été et sera longtemps encore le problème primordial pour ceux qui ont eu et auront charge de conduire les destinées de l'Italie.

Mais il ne faudrait pas exagérer pourtant, comme on le fait trop souvent, la pauvreté de l'Italie. Il y a sans doute chez elle une gêne constante, mais elle résulte moins de l'absence de ressources que de la disproportion de ces ressources avec les multiples dépenses dont se révèle l'utilité. Un économiste italien, M. Prinzivali, qui a évalué la fortune privée de son pays, nous montre que celle-ci est passée de 56 milliards en 1902, à 80 milliards en 1913. L'accroissement est donc considérable et la prospérité certaine.

J'ajoute que toute comparaison des résultats des divers emprunts des Alliés est extrêmement difficile. Il ne suffit pas de rapprocher des chiffres, il faudrait connaître les emprunts antérieurs, l'importance des conversions, celle des souscriptions des banques ou d'étrangers, mettre les chiffres en rapport avec la population et la fortune publique,

travail long et malaisé, dont les conclusions reste-
raient contestables et de médiocre intérêt.

XXXII

Rome, 5 mars 1916.

La Chambre italienne a repris, l'autre jour, ses travaux par une solennelle et touchante manifestation de sympathie pour la France. Dès que les députés furent assis à leur banc, avant même les commémorations d'usage, Léonida Bissolati prit la parole et en quelques phrases, claires, franches et émues, il demanda au Parlement d'Italie d'adresser à l'armée française en lutte devant Verdun, les vœux de la nation alliée, alliée et solidaire dans l'épreuve, dans le combat et la victoire contre les Empires Centraux. Il affirma l'unité de la guerre et ses raisons suprêmes. Ce fut un moment pathétique. Quelques applaudissements crépitèrent, gagnèrent de proche en proche, emportèrent l'assemblée dans un de ces grands mouvements d'enthousiasme et de générosité dont sont toujours capables les foules italiennes. Les uns après les autres, les députés se levèrent pour acclamer l'orateur, même les membres du gouvernement, même les socialistes officiels, et l'ardeur conquit les tribunes où l'on entendit des cris passionnés de « Vive la France ! *A bas l'Allemagne !* »

Ces cris-là, on ne les oubliera pas en France. Ils

ont attesté, dans une heure d'angoisse, la communauté sentimentale des deux nations, communauté autrement précieuse et puissante que les accords diplomatiques. C'est dans l'épreuve qu'on se découvre les amis sincères et qu'on peut mesurer la profondeur de leur dévouement.

Ce n'est pas un hasard heureux, une inspiration d'occasion qui a fait ainsi de Léonida Bissolati l'interprète éloquent du parlement et du peuple d'Italie. Un autre député n'aurait peut-être pas été aussi écouté, n'aurait peut-être pas traduit aussi parfaitement les ferveurs dont les cœurs étaient gonflés.

Car le député de Rome résumait, dans ces quelques phrases, une propagande de plusieurs années, des convictions anciennes qu'il avait affirmées par l'offre même de sa vie et le sacrifice de son sang. On sait que, partisan de l'intervention italienne dès la première heure, il fut aussi, dès qu'elle fut décidée, l'un des premiers à réclamer, malgré son âge, du service dans l'armée. On sait qu'il fit partie d'un de ces régiments alpins — l'alpinisme ayant toujours été son sport favori — qui se couvrirent de gloire dans les combats sur les cimes des monts. Grièvement blessé à l'un des assauts du Monte Nero, en Carniole, il est allé, aussitôt guéri, reprendre sa place dans le rang.

Cet héroïsme tranquille le sacre de la grande lignée des fondateurs de l'Italie moderne. Bissolati est leur descendant légitime, et sa popularité est extrême en ce pays qui aime la vaillance et les sentiments chevaleresques.

Mais ce que Bissolati a prouvé par ses blessures, cette compréhension de l'unité de la guerre actuelle, de la nécessité de sauver notre idéal de liberté et de civilisation menacé par les prétentions et la barbarie morale des Teutons, il l'avait prouvé encore par ses écrits et ses discours. Il fut un des premiers à apercevoir le problème tel qu'il se présente aujourd'hui à la majorité de ses compatriotes.

Comme il serait intéressant de marquer l'unité de cette vie, d'en dégager le haut exemple de dignité et de désintéressement ! Si je pouvais suivre cette existence, depuis les années d'Université à Bologne, éprise de littérature et d'idéalisme sous l'influence de Carducci ; les années de barreau à Crémone, son pays natal ; l'évolution, du parti républicain vers le parti socialiste jusqu'aux extrêmes, payée de la prison ; les années de direction de l'*Avanti*, la rupture avec le parti socialiste officiel et la constitution du parti socialiste réformiste dont il est le leader, le dédain des honneurs ministériels ; analyser la propagande, la politique sociale et la politique extérieure, dans ses écrits et dans ses discours, on verrait mieux apparaître cette haute figure. On aurait plus de respect encore pour son caractère, et son salut à la France prendrait toute sa valeur auguste.

Quelques lignes n'y peuvent suffire, mais celles-ci veulent indiquer, au moins, à mes amis de France, quel est l'homme qui sut leur parler si fraternellement à l'instant du péril et exprimer, ce jour-là, l'âme même de l'Italie.

XXXIII

Udine, 9 mars 1916.

Si l'on arrive à Udine vers le soir, on ne voit rien, absolument rien que le velours sombre de la nuit, piqué çà et là de quelques lumières bleues, étincelantes comme des saphirs. Elles éclairent peu ; au plus, servent-elles de point de repère. Chacun ici a sa lampe de poche pour les passages incertains. Et nous allons sous les arcades des trottoirs, comme en des tunnels ; nous rencontrons des passants dont nous ne distinguons pas les visages. Les maisons sont closes hermétiquement et, de temps en temps, une porte qui s'ouvre et se referme fait sur le pavé une flaque de lumière furtive. Cette obligation de se draper dans un noir compact est la précaution usitée dans toute la zone de guerre contre les attentats nocturnes des avions ennemis. Ils sont déjà venus à Udine, mettant à mort des femmes et des enfants.

Au réveil, l'animation de la petite cité apparaît extrême. La guerre qui ruine Venise, Florence et Naples fait la fortune d'Udine. La difficulté de trouver un gîte annonce l'encombrement des hôtels, des restaurants, des cafés. Les garçons, brandissant leur serviette, et répétant *subito !* ne peuvent satisfaire l'impatience multiple des clients. Les magasins ont des étalages copieux et des acheteurs débonnaires...

Les marchands de journaux crient les nouvelles, des groupes se forment et commentent celles-ci. Jamais les rues et les places de la petite ville n'ont vu tant de promeneurs affairés. La plupart sont des soldats. Soldats de toutes armes, à peine reconnaissables à quelques variantes dans l'uniforme gris vert. Officiers de tous grades et de tous régiments, d'allure élégante souvent, mais tous pareils aussi dans leur tenue de campagne. Les beaux uniformes de parade que connaissait l'armée italienne, et spécialement la cavalerie, ont été délaissés pour une mise moins voyante et plus pratique. Parfois le souvenir s'en conserve dans la couleur du parement de velours au col.

Sur ce fond gris vert, on a, de temps en temps, la surprise d'un uniforme étranger, des Anglais en kaki, des Français en bleu horizon. J'y vis encore un Russe, un Serbe, un Japonais et un Belge ; rien ne donne mieux une idée du bouleversement mondial actuel que cette réunion extraordinaire, dans une bourgade au pied des Alpes, d'officiers de nations si éloignées les unes des autres, rapprochées aujourd'hui dans une lutte commune.

Ainsi, à Udine, tout fait penser à la guerre. On y vit pour la guerre, on y vit de la guerre. Et si la guerre n'était point, le silence et la tranquillité des petites villes provinciales, régneraient là où tout est agitation et fièvre. Sur la grand'place, une statue de la Paix, donnée par Napoléon Ier, après Campo-Formio, semble une ironie. Elle est figurée en déesse assise, d'une majesté classique un peu froide, et elle paraît attendre, avec un imperceptible dédain, l'hommage de tous ces étourdis qui oublient qu'Elle est là. De ses yeux vides, elle regarde sans voir, au-dessus de l'agitation du peuple ; et celui-ci la voit, sans la regarder. Qui donc songe à la Paix dans cette ville en guerre ?

*
* *

Face à la statue impériale, une colonne se dresse, surmontée du Lion de Saint-Marc, affirmation de la puissance vénitienne. Au milieu, une statue équestre de Victor-Emmanuel dit l'Italie moderne. Et deux géants placides, avec des muscles exagérés, rappellent la Renaissance. Ainsi, sur cette place, qu'encadrent un gracieux portique toscan et une charmante loggia de style vénitien, et que domine un vieux château bâti sur la colline d'où Attila contempla l'incendie d'Aquilée, on a comme un résumé de l'histoire locale. Mais quelque curieux que soient ces témoignages du passé, encore une fois, ils n'intéressent personne, car qui songe au passé dans cette ville tout entière prise par le souci de l'heure présente ?

Il paraît que, en temps normal, Udine offre encore d'autres beautés. Du château, on peut découvrir, par les jours clairs, vers le sud, l'étendue bleuâtre de la lagune et, vers le nord, les montagnes neigeuses des Alpes. Mais pendant ces jours de mars, il n'a cessé de pleuvoir ; l'horizon est fermé de toutes parts et les rigueurs de la saison rendent pénibles les opérations militaires. La boue des vallées et la neige des sommets sont pour les soldats de permanentes causes de fatigues et de souffrances. Sur la ville, flottent quelques pavillons de la Croix-Rouge. Rappel illusoire des règles d'humanité, puisqu'il est avéré aujourd'hui que les avions boches ne respectent pas les blessés.

C'est en vain donc qu'on chercherait à s'abstraire, à donner à ses réflexions un autre axe. J'ai voulu pourtant aller voir au palais épiscopal les fresques du Tiepolo. Le prodigieux virtuose qui sut, au XVIIIe siècle, redonner une splendeur nouvelle à l'art décoratif vénitien épuisé, a fait ici merveille. Des plafonds avec des raccourcis étonnants, des murailles où voltigent des étoffes légères autour de la grâce mutine des femmes, montrent une habileté déconcertante au service d'une vision originale. Je me suis arrêté longtemps devant le groupe de trois jeunes filles apparaissant à un vieillard prosterné. Je croyais avoir échappé ainsi à la guerre ; mais n'y avait-il pas dans mon admiration même, outre le plaisir esthétique, un hommage pieux à celui dont les avions d'Autriche avaient mis en miettes le plafond délicieux, orgueil des Scalzi de Venise ?...

*
* *

Le général Porro, qui a su mon arrivée, veut bien m'accorder une heure d'entretien et me faire l'honneur de me retenir à dîner avec ses officiers. Le général est, comme on le sait, l'un des esprits directeurs, l'une des âmes inspiratrices de la campagne. Cette foule que j'ai vue obéit à ses ordres. J'ai trouvé ce maître de l'heure d'une affabilité simple et cordiale tout à fait exquise. Intelligence nette et avisée, envisageant les problèmes actuels dans leur ampleur, sans solennité et sans pédanterie. Il me dit de franches et bonnes paroles pour la Belgique, il me laisse voir son émotion et sa sympathie pour les Français en lutte devant Verdun, l'importance qu'il attache à la conférence militaire des alliés, qui va se tenir à Paris. Mais ce qui me touche par-dessus tout, c'est la confiance que le général et ses officiers me témoignent ; tous causent devant moi avec abandon, sans réserve laissant ma discrétion juge de ce qu'elle peut retenir, de ce qu'elle doit oublier. Ainsi, en quelques minutes, notre fraternité se révèle, mieux qu'en des discours. Je suis parmi des amis, et j'admire cette simplicité de manières qui est une des façons les plus délicates de vous signifier qu'on ne vous considère pas comme un étranger.

*
* *

Udine me réservait une autre rencontre agréable : Luigi Barzini. Sa collaboration au *Corriere della*

Sera m'avait, depuis longtemps, surpris et charmé. Dire de Barzini qu'il est l'un des grands journalistes d'Italie serait insuffisant. Ses articles survivent à l'actualité et se relisent en volume avec plaisir. Il a fait de la correspondance de guerre un genre littéraire dont il est un des maîtres. Une acuité dans l'observation du détail caractéristique, une recherche des vérités psychologiques sous l'apparence des faits, un certain lyrisme donnent à ses écrits une saveur originale et forte qui le distingue de ses nombreux imitateurs. Il a suivi et raconté tous les grands conflits de ces vingt dernières années : la révolte des Boxers, les troubles du Mexique, les guerres de Mandchourie et des Balkans, et ses pages sur la Belgique sont parmi les plus belles qu'on ait écrites, pour glorifier nos malheurs et nos vertus. Je désirais depuis longtemps le lui dire et l'en remercier, et je le découvre avec joie. Figure glabre, nez pointu, air éveillé et fureteur, je m'étonne de son aspect juvénile. Les grands voyages à travers le monde et les fortes émotions éprouvées au cours de cette recrudescence d'horreurs, ne l'ont point ridé. Bien qu'il ait dépassé la quarantaine, on lui croirait trente ans. Et c'est l'homme de ses livres. Il voit et cherche à comprendre. La mentalité allemande, par exemple, le confond. Von Bissing ne l'engageait-il pas à aller voir Louvain ?...

*
*

* *

Et lorsque, après quelques jours passés dans cette atmosphère de lutte et de vie intense, je pars, ému des souvenirs que j'emporte, c'est encore le soir et l'ombre épaisse. Et ma dernière vision d'Udine est la même que celle qui m'avait accueilli : saphirs dans la nuit.

XXXIV

Udine, 9 mars 1916.

Ce n'est pas sans une certaine volupté de revanche que je parcours les routes sur lesquelles l'Autriche étendait son empire. Cette terre n'était d'ailleurs autrichienne que par l'abus de la force. Elle crie son italianité par tous ses aspects, par les noms immémoriaux des villages, par la langue des habitants, par leurs mœurs et leurs usages, par la fusion parfaite des paysages avec ceux d'alentour. Les maisons montrent souvent, dans les façades rouge orangé, l'encadrement blanc des fenêtres aux volets verts qui est spécial à la région vénitienne. Les villas sont bâties sur le plan de la grande salle centrale aux deux issues, commandée à Venise par le double accès à la rue et au canal, disposition qui, dans l'intérieur des terres, n'a plus de raison d'être, mais qui affirme tout au moins la parenté vénitienne. Et chaque fois que le sous-sol nous livre des vestiges du passé, c'est pour rappeler Rome ou Venise. Je ne suis pas en Autriche, je suis en pays racheté et je vais vers les champs de bataille où se paie, à l'heure présente, ce rachat tant espéré.

On entend gronder le canon dans le lointain.

C'est un bruit sourd qui dure et s'éteint dans l'air mouillé. Une pluie fine tombe, tombe inlassablement, et transforme les chemins en mares blanches dont la course de notre voiture fait gicler des gerbes boueuses jusque sur les arbres des bords.

Nous dépassons et nous croisons des véhicules de toute sorte, et par instants, la route est trop étroite et il faut s'arrêter. Les robustes camions-automobiles de l'armée, très modernes, sont là, pêle-mêle avec toutes les légères charrettes rustiques venues de toutes les régions d'Italie ; il en est de toscanes, de romaines, de napolitaines, de siciliennes, attelées de chevaux et de mules ; il est de lourds chariots traînés par des bœufs lents aux longues cornes ; et je trouve quelque chose de touchant à voir ainsi confondues, pour l'aide à apporter à l'effort militaire, toutes ces formes de l'activité paysanne et régionale, tous ces aspects divers de la patrie commune. Claquements de fouets, cris et jurons des charretiers, mcuglements des cornets d'automobiles. Après quelques tumultes, l'ordre et la circulation se rétablissent, et l'on repart...

Les villages traversés ont encore leur population civile. Voici des femmes, aux cheveux enveloppés dans un mouchoir orange dont les bouts retombent sur la nuque, qui portent l'eau potable dans des seaux de cuivre suspendus à chaque bout du « douintch », long bois flexible qu'on pose, par le milieu, sur l'épaule. Voici des paysans dans les petits cabarets, dans les boutiques, sur les chemins. Tous ces gens semblent accueillir les soldats avec sympathie.

La façon de les traiter était l'un des gros problèmes qu'avait à résoudre l'habileté de l'Italie. Rappelons qu'elle se présentait à ces populations non en conquérante, mais en libératrice. Elle voulait les affranchir du joug autrichien, les faire rentrer dans la grande famille italienne. Elle devait voir en eux, non des ennemis, mais des frères.

Toutefois, dans la réalité, les difficultés étaient réelles. Certes, l'italianité de ces régions n'est pas contestable et l'Autriche elle-même l'avait reconnue en mai 1915, mais il n'est pas contestable non plus que ce sont des régions frontières, des marches où viennent se rencontrer trois civilisations et trois races : l'italienne, la slave et la germanique. Or, l'imminence de la guerre et la guerre elle-même avaient permis à l'Autriche de vider le pays de tous les éléments italiens et italianisants. Tous ceux que des persécutions n'avaient point antérieurement exilés, furent, par ses soins attentifs, ou incorporés dans l'armée et expédiés au front russse, ou internés en Autriche. On n'avait toléré que les habitants indifférents ou passifs, et ceux dont l'Autriche connaissait la fidélité. Ces derniers ne furent pas les moins empressés à accueillir les Italiens et se confondirent en politesses obséquieuses. Ils réussirent parfois à endormir ainsi la méfiance des vainqueurs qui ne demandaient qu'à se montrer tolérants et bons. Mais la bonté ne pouvait cependant pas aller jusqu'à la duperie et constituer une prime à l'espionnage et à la trahison.

On devine combien le cas était épineux. L'Italie semble avoir triomphé de ces difficultés avec bonheur. Elle n'a négligé aucun moyen de se concilier les sympathies de ses nouveaux sujets. Elle les a traités avec ménagement et douceur. On m'assure qu'il n'y a pas eu, en tout, dix exécutions capitales, dans la population civile, pour faits avérés d'espionnage. Si l'on compare ces chiffres à celui des fusillés ou des pendus par l'Autriche, on apercevra immédiatement la différence des deux régimes. On n'a procédé à des expulsions en masse que dans des cas d'absolue nécessité militaire ou hygiénique, c'est-à-dire dans l'intérêt des habitants eux-mêmes. On a appliqué aux suspects les règles qui régissent la condition des Autrichiens dans le reste de l'Italie. On a pourvu avec rapidité, habileté et discrétion, aux besoins de la population civile, de façon à atténuer, dans la mesure du possible, les conséquences fâcheuses de l'état de guerre.

Dès le 29 mai 1915, un secrétariat général des affaires civiles fut institué auprès du Comando Supremo, ou état-major. Une ordonnance du 25 juin 1915 en organisa les services. Son esprit fondamental est le maintien provisoire du droit en vigueur, antérieurement à l'occupation, pour autant qu'il ne soit pas en opposition formelle avec les principes constitutionnels du droit italien. Les régions rédimées actuellement sont divisées en dix districts (Ampezzo, Borgo, Gorizia, Gradisca, Montfacolne, Primiero, Riva, Rovereto, Rione, Tolmino) pourvus chacun d'un commissaire civil qui veille à l'administration, avec l'assistance des maires et des présidents des institutions publiques.

Il y aurait toute une étude intéressante à faire à cet égard, mais je dois me borner à quelques indications générales.

On assura d'abord le fonctionnement régulier des administrations communales. Des maires furent nommés, en choisissant parmi les anciens mandataires communaux ou les notables. On leur donna les pouvoirs ordinaires sous la surveillance des commissaires civils. Les nécessités financières furent réglées par des avances à convertir dans les six mois en emprunts normaux. Toutes les administrations communales fonctionnent ainsi régulièrement dans les communes occupées.

On pourvut ensuite à la justice. Les juges furent nommés de préférence parmi les magistrats de l'ancien régime, et la plupart de ceux-ci prêtèrent à l'Italie un concours dévoué.

On se préoccupa aussi des services sanitaires. Tout était à créer, car il n'y avait pas de personnel local. Le service chirurgo-médical fut assuré dans toutes les communes, de même que la prophylaxie des maladies contagieuses ; les résultats ont été très satisfaisants.

L'instruction primaire fut réorganisée ; les instituteurs furent choisis, pour la majorité, parmi le personnel ancien, mais la langue de l'enseignement fut celle de l'Italie. De même pour les programmes et les méthodes. Le personnel compte plus de 220 membres pour 92 écoles et environ 11.500 élèves, qui tous sont admis au réfectoire scolaire et reçoivent gratuitement les livres et fournitures d'école. Un subside de 11.000 francs fut accordé au gymnase d'Ala, qui put ainsi rouvrir ses classes normalement ; un autre, à l'école industrielle d'Ampezzo.

Le service des cultes, celui de la bienfaisance, règlement des conditions financières et économiques de la région ont été l'occasion de mesure remarquables. Je veux citer spécialement celles relatives aux Beaux-Arts. Une ordonnance du 31 août 1915, du Comando Supremo, marque à nouveau la préoccupation constante des esprits italiens de préserver le précieux patrimoine du passé. Même au milieu de la tourmente, l'Italien pense au culte qu'il doit à la Beauté...

A ceux qui voulurent bien ainsi me renseigner, je fis une dernière question :

— Lorsque sera accomplie définitivement l'œuvre de libération, compte-t-on consulter solennellement les populations, ainsi qu'on l'a fait antérieurement pour les régions qui sont venues s'ajouter successivement les unes aux autres pour former l'Italie ?

— On n'y a pas songé encore, m'a-t-il été répondu ; mais pourquoi pas ? Il est évident qu'un plébiscite ne peut pas être organisé au cours d'opérations militaires, mais lorsque celles-ci seront terminées, que les populations, aujourd'hui bouleversées et dispersées, se seront rejointes et retrouvées pour une vie normale, lorsqu'elles pourront, par quelques mois de paix, comparer le régime italien à la domination abolie, pourquoi ne pas suivre notre tradition nationale ? Ce ne serait évidemment qu'une formalité, et le résultat d'une pareille consultation n'est pas douteux, mais il substituerait à l'autorité des armes l'autorité morale du droit. Si l'Italie est si fortement unie aujourd'hui, n'est-ce pas parce qu'elle est fondée sur le consentement constaté de ses peuples ?

XXXV

LE TÉMOIN MILLÉNAIRE

Aquilée, 10 mars 1916.

Quelques maisons chétives dans une campagne humide coupée de routes et de canaux, une cathédrale prodigieuse, — et c'est tout Aquilée. Ce seul contraste indique fortement que le passé est ici autrement important que le présent. En effet, une ville y fut autrefois, une ville de cinq à six cent mille habitants peut-être, l'une des stations militaires et commerciales les plus considérables de l'antiquité. Rome en fit le point de départ de ses légions contre les Germains et l'un des boulevards de sa résistance aux barbares, et le grand port sur l'Adriatique fut l'entrepôt des marchandises allant du Sud et de l'Orient vers le Nord, et réciproquement. Saint Marc et son disciple Hermagoras y vinrent prêcher l'Évangile, et les patriarches d'Aquilée furent puissants.

Venise tire d'ici les origines de sa splendeur et les verriers de Murano sont les héritiers et les continuateurs de ceux d'Aquilée.

Fille de Rome, et mère de Venise, la ville presque oubliée témoigne encore de son italianité millénaire chaque fois qu'on ouvre son sol. On ne peut faire un trou sans amener au jour quelque débris antique. Et, chose digne de remarque, l'Autriche, qui compte pourtant des archéologues de mérite, s'est toujours désintéressée des fouilles faites dans cette région. Elle laissait vendre et disperser les objets trouvés et reniveler, sans méthode ni précaution, les excavations, comme si elle eût été pressée d'étouffer ces voix qui montaient de la terre pour lui crier son usurpation.

Ce pays est d'un si puissant intérêt, la cathédrale renferme de si incomparables beautés que la guerre, n'eût-elle eu que ce résultat de rendre Aquilée à l'Italie, qu'on pourrait déjà dire qu'elle ne s'est pas faite en vain !

J'ai noté que le gouvernement italien, dès le début des hostilités, s'était préoccupé d'assurer la sauvegarde et la conservation du patrimoine artistique et historique des terres rédimées. Il fallait, pour cette tâche délicate, un patriote clairvoyant, un amateur d'art éclairé, un homme d'initiative et d'action. Il a trouvé tout cela en M. Hugo Ojetti. Et celui-ci veut bien être mon guide. Il met quelque coquetterie à m'éblouir, dès mon arrivée, de la vue de la plus noble des merveilles auxquelles se sont voués ses soins. Et nous entrons, respectueusement, dans la cathédrale.

Les divers styles en racontent les âges. Le pavement est ce qui reste d'une basilique primitive qu'une inscription en l'honneur de patriarche Théodore permet de dater de 315. C'est une mosaïque de style romain, l'une des plus grandes que l'on connaisse, où se mêlent des ornementations païennes et chrétiennes. Elles sont à découvert, car on a remarqué l'effet d'exaltation patriotique que leur contemplation produisait chez les soldats. Même chez les plus humbles, les plus éloignés de toute érudition, il y a de la joie et de la fierté à retrouver ces mosaïques, pareilles à celles qu'ils ont vues à Naples ou à Rome. Nos aïeux sont venus ici, pensent-ils, et un sentiment confus de réparer une injustice commise au détriment de leur patrie, remplit leurs cœurs. Qu'on puisse relever le moral du soldat par de tels spectacles, n'est-ce pas là un trait bien particulier de l'âme italienne, et un bel éloge du peuple sensible à de pareilles excitations ?

Cet édifice primitif fut sans doute détruit dans le grand incendie ordonné par Attila qui, dès le Ve siècle, pratiquait les méthodes germaniques d'extermination et d'épouvante. Cinq siècles passèrent sur ces ruines. Le grand patriarche Poppone construisit alors la cathédrale. Il ne reste guère de son œuvre que l'abside, de style roman très noble, où des peintures très effacées rappellent les mosaïques byzantines, avec de longs personnages hiératiques debout autour d'un grand Christ dans une gloire.

La triple nef fut rebâtie au XIe siècle, sur les colonnes anciennes et leurs curieux chapiteaux romans, en arcades gothiques. Enfin, le chœur, surélevé de plusieurs marches, a une clôture de marbre blanc du meilleur goût de la Renaissance. Tous les styles divers sont harmonieusement fondûs pour donner une prenante impression d'ensemble, celle d'une immensité recueillie et silencieuse, sous le haut plafond de vieux bois orné de fleurons blancs.

Cette étendue est peuplée d'œuvres d'art : un marbre fouillé avec des paons byzantins, symboles d'immortalité, une Pietà gothique, un triptyque savoureux de l'école vénitienne, que sais-je encore ! Mais les plus extraordinaires, ce sont les peintures de la crypte. Il est difficile de leur assigner un âge : xie ou xiie siècle, peut-être, vers l'époque de Poppone. L'artiste inconnu qui orna ces murs est un extraordinaire dramaturge. L'une de ces fresques représente une *Descente de croix*, en sobres tons bruns et jaunes, comme un dessin rehaussé, d'une intensité pathétique poignante. Le cadavre du Christ, la désolation des assistants, et surtout le groupe des femmes en pleurs, stylisé, simplifié et déformé pour en accentuer le tragique, tout cela est d'un grand, d'un très grand artiste.

Et comme je m'étonne que les œuvres d'une telle valeur soient relativement ignorées, on me répond que l'Autriche préférait le silence à des célébrations qui eussent mis en lumière la précarité de ses droits.

Néanmoins, malgré cette mauvaise volonté, l'Autriche n'avait pu empêcher le zèle de certains amateurs locaux de créer un petit musée pour rassembler et conserver les antiquités qu'on y découvrait en abondance.

Au moment même où nous y pénétrons, on apporte une urne romaine de pierre : le couvercle levé laisse voir, dans l'eau et la boue qui la remplissaient, l'urne intérieure en verre avec les ossements. De pareilles trouvailles sont quotidiennes et le musée a déjà des collections considérables. L'inventaire en a été fait par les soins de M. U. Ojetti : il comprend plus de 96.000 pièces, statues, bas-reliefs, bijoux, bronzes, objets funéraires, inscriptions, médailles.....

Et, détail suggestif : 1.500 pièces environ, les plus précieuses, ont été enlevées par l'administration autrichienne et transportées à Vienne, le 27 avril 1915, c'est-à-dire, au moment où M. de Bulow espérait faire accepter par l'Italie, pour prix d'une neutralité complice, les terres « irrédente » que lui aurait recédées l'Autriche. Celle-ci, plus prévoyante qu'honnête, avait pris, comme on le voit, certaines précautions pour le cas où la combinaison eût réussi.

Le conservateur actuel du musée, M. Abramich, qui nous en fait les honneurs avec beaucoup d'affabilité et d'érudition, est l'ancien fonctionnaire autrichien, rallié au nouveau régime et conservé par celui-ci, preuve nouvelle des méthodes conciliantes de l'occupation.

Près de la cathédrale, se dresse, à part, le campanile, tour carrée du haut de laquelle on domine l'étendue. On comprend mieux de là les raisons fatales de la déchéance de l'antique cité : l'ensablement progressif de son port, qui l'éloigne maintenant de la mer, devait faire passer sa prospérité à Venise et à Trieste. On me montre, à travers la pluie, quelques maisons de celle-ci, taches claires dans le brouillard, au ras de l'eau ; mais quand luit le soleil dans sa gloire, Trieste paraît tout proche. Lors des premières journées de la guerre, des bersaglieri montèrent sur cette plate-forme où je suis, près des cloches de bronze. Ils tinrent Trieste dans leurs yeux et leur joie fut ardente. Hélas ! combien sont morts, soldats et capitaines, qu'enthousiasmait la vue de Trieste prochaine !

Mais je ne les plains point. Je les envie plutôt. Car ils sont morts dans l'ivresse du triomphe certain ; ils se sont offerts pour une cause qui leur semblait juste et sacrée, persuadés que si, eux, devaient succomber, d'autres, du moins, après eux et grâce à eux, atteindraient le but que leur avait montré le grand soleil d'été.

Et toutes les choses enfouies dans la campagne, et toute la beauté conservée dans la cathédrale approuvaient ; elles rêvaient, depuis des siècles, le rêve italien.

XXXVI

LA MONTAGNE ROUGE

Udine, 10 mars 1916.

Nous sommes partis vers le Carso. Les routes, de ce côté, offrent les mêmes spectacles d'animation et d'activité que j'ai déjà notés. Parmi les voitures, j'aperçois de temps en temps une ambulance de la Croix-Rouge.

Au loin, le canon gronde depuis le matin, rumeur sourde dans la pluie. Les détonations deviennent, peu à peu, plus distinctes ; nous nous rapprochons des batteries.

Mais voici des maisons aux murs éventrés. D'autres ont les fenêtres garnies de sacs de sable. Un toit montre un trou béant au milieu d'une dégringolade de tuiles. Les paysans se font plus rares. Le canon éclate maintenant avec un bruit plus sec et plus distinct. Nous approchons. Voici la station de Sagrado en ruines. Une allée monte dans un bois de sapins ; c'est la Montagne-Rouge.

Au vrai, ce n'est guère qu'une imposante colline, premier contrefort des Alpes, et son nom est le Carso. Mais on me permettra de l'appeler la Montagne-Rouge. Le Carso est constitué d'un calcaire ferrugineux et le peu de terre qui recouvre les assises rocheuses est rougeâtre. Dès qu'il pleut, tous les chemins deviennent rouges et la boue gluante et jaillissante éclabousse de taches de sang séché les uniformes gris vert. Ceux qui descendent de là-haut en sont couverts ; ils ont les pieds rouges, les mains rouges, de grandes balafres rouges sur les jambières, même sur les pèlerines et les képis. Ils semblent venir d'un cauchemar de sang, être tous des blessés échappés à un carnage affreux.

L'impression est émouvante. Tandis que nous gravissons à pied la route pierreuse et rouge, le canon claque plus fort et plus net et nous entendons maintenant le sifflement rageur des boulets forant l'air avec le bruit strident et irritant d'une soie déchirée. Nous longeons difficilement, pataugeant dans la boue qui glisse et nous attache au sol, un petit mur fait de quartiers de rocs assemblés.

C'est bien la Montagne-Rouge. Depuis des mois, on y meurt. A la fin de juillet 1915 d'abord, fin octobre et novembre ensuite, l'armée italienne y a prononcé des offensives héroïques et meurtrières. Elle s'est ruée à l'assaut de ces positions formidables et en a repoussé les Autrichiens. Chaque attaque a marqué un progrès. Des soldats des deux nations y sont morts par milliers et il y a eu ici assez de sang répandu pour en teindre toute la colline.

Nous arrivons maintenant sur le plateau. La végétation a cessé. Une herbe rare pousse seule entre les pierres. Et nous pouvons nous rendre compte des difficultés exceptionnelles que présente ce terrain. Les tranchées dans lesquelles nous cheminons, un peu courbés, ont dû être creusées dans le roc, avec le pic, la pioche et la mine. Car à certains endroits, il n'y avait plus même de terre. Les Autrichiens l'avaient employée à remplir leurs sacs. De temps en temps, une mine explose non loin de nous et cela fait une détonation spéciale au milieu des pétarades des batteries. Tout ce tapage m'étourdit et me désoriente, moi, profane, et je renonce à essayer de distinguer les divers calibres ou de deviner la direction des tirs. Mais ceux qui m'accompagnent ont de plus expertes oreilles et déclarent sans hésitation d'où vient le coup et sa nature. Et, au milieu des tonnerres et des sifflements, je poursuis avec flegme, préoccupé surtout de ne pas m'étaler dans la boue rougeâtre. Je vois les hommes qui courent, qui se cachent dans les abris, qui se jettent par terre ; il paraît que c'est un autrichien qui a sifflé au-dessus de nos têtes. Il passe sans exploser. C'est parfait. Nous reprenons notre cheminement, décidément indifférents à cette grondante et gémissante musique. Sauf ce bruit de l'artillerie, on n'entend rien. Pas un coup de clairon, même lointain, pas un chant, pas un cri. Les conversations ont lieu à voix basse.

Les boyaux creusés dans le roc, à un mètre environ de profondeur, sont complétés, du côté de l'ennemi, par de petits murs faits de sacs de terre et de rochers, entre lesquels on a ménagé des créneaux pour les fusils ou les mitrailleuses. On termine la tranchée par des cadres de bois, qui soutiennent un petit toit de planches et de carton bitumé, recouvert de nouvelles couches de terre.

Et nous allons, pendant des kilomètres. C'est un travail énorme qu'il a fallu exécuter là, parfois sous le feu de l'ennemi, et qui paraît parfait. Son seul défaut est peut-être sa visibilité. D'un observatoire où nous nous arrêtons, nous voyons fort bien la ligne régulière de la tranchée précédente et, un peu plus loin, celle de la première tranchée autrichienne. Nous en sommes si près qu'on m'engage à ôter mon chapeau pour que sa tache noire ne soit pas un point de mire. De l'endroit où nous sommes, nous apercevons les premières maisons du village de Doberdo et les trois crêtes montueuses de plus en plus élevées, théâtres de nouveaux combats.

Aux hommes qui sont sur ces hauteurs, il faut tout apporter. Nous croisons, quand nous redescendons, des porteurs chargés d'eau, de vin et de pain. A un certain moment, une mule bouche presque toute la largeur de la tranchée et le passage est malaisé.

Non seulement l'ennemi a pour lui l'avantage précieux de la hauteur, mais la nature particulière de ce sol rocheux lui fournit des abris excellents. Toute cette colline est creusée de trous circulaires plus ou moins larges, excavations dues à l'immémoriale action des eaux sur les roches calcaireuses et des entonnoirs ou *doline* constituent des retranchements propices pour dissimuler une troupe.

Quand on a vu, comme je l'ai vu, cet extraordinaire terrain du Carso, on ne peut plus avoir d'impatience. J'ai entendu, à Rome, des gens se plaindre de la lenteur de l'avancée italienne et déplorer l'inertie des armées et du commandement. S'ils pouvaient se rendre compte des conditions de l'offensive, ils imposeraient silence à leurs sottes récriminations et salueraient bien bas les vaillants qui ont osé espérer et avancer quand même.

Car ils ont avancé. J'ai vu sur le Carso des réseaux de fil de fer barbelé enchevêtrés et hérissés d'une inextricable façon. Que des hommes aient pu assaillir des mitrailleuses crachant la mort à travers un pareil fouillis de pointes et de ronces, cela paraît invraisemblable. Et pourtant, cela a été. Car les barbelés que j'ai vus avaient été placés par les Autrichiens et défendaient les tranchées conquises par les Italiens en juillet et octobre-novembre derniers.

Bref, les difficultés sont extrêmes, mais ne sont point insurmontables. On redescend de là-haut avec une impression roburante, avec du respect et de l'admiration pour tous ceux qui sont morts sur la Montagne-Rouge, pour tous ceux qui y vivent vaillamment, prêts à de nouveaux sacrifices et à de nouvelles conquêtes.

*
* *

En revenant, je remarque, chez un de mes compagnons, un air soucieux. Il me raconte que là-

haut, il a voulu photographier une des « doline »,
et pour être mieux d'aplomb, a remué du pied
quelques cailloux. Il a alors aperçu un crâne poli,
tout blanc. Et cette vision l'obsède. Elle m'obsède
aussi. Je ne puis, de toute la nuit, la chasser de ma
pensée. A qui appartient ce lugubre vestige, perdu
dans la montagne ? Ami ou ennemi ? Et il me
semble, un instant, deviner une réponse de cette
tête de mort, ricanant d'un rire silencieux et formidable : « Je suis ton frère... »

XXXVII

Udine, 11 mars 1916.

Au sortir d'Udine, des primevères mettent dans les prés et les fossés leur gaieté de fleurettes jaunes, annonçant le printemps. Mais vers le Nord, les monts sont couverts de neige et leurs sommets blancs disparaissent dans les nuages. L'automobile souple du major Tarditi, le plus obligeant des ciceroni, que sa parfaite bonne grâce a fait désigner aux missions étrangères, file sur la route grise. Nous rencontrons des cavaliers dont les montures s'effraient, se cabrent et piaffent en de jolies silhouettes martiales.

Et ces images de guerre, dans ce décor de neige, ce sera toute notre journée. Notre itinéraire suit le chemin de fer et je lis sur les stations roses les noms de Tricesimo, Targentó, Magnano, Gemona, Venzone... C'est la route de Vienne. Nous allons vers l'Autriche au travers d'une vallée alpestre, dont les pittoresques beautés ne le cèdent à aucune autre. Le fleuve qui l'a creusée d'un irrésistible élan de tranche-montagne, le Tagliamento, dut être énorme aux temps quaternaires. Il a dans ses eaux impétueuses, emporté et poli les pierres des sommets. Aujourd'hui, ce n'est plus qu'un large lit blanc de cailloux roulés, entre lesquels coule une eau sinueuse, divisée en plusieurs courants enchevêtrés. Eau claire et glacée, d'une indéfinissable couleur, comme celle d'une turquoise qui serait translucide. De chaque côté, la montagne se dresse, abrupte et redoutable. Les bataillons noirs des sapins font l'assaut de ses flancs et paraissent plus sombres sur la neige du sol. Plus haut encore, c'est la cime dans la nuée, et la neige totale, souveraine. Des cascades éclatantes tombent et rebondissent dans les gorges latérales.

Soldats, soldats, toujours. Il n'est que soldats sur les routes. Infanterie, cavalerie, artillerie. Soldats travaillant à refaire les chemins, soldats occupés dans les baraquements, soldats dans les villages. La plupart sont des alpins, beaux hommes robustes et souples, coiffés du feutre à la plume de faisan sur le côté.

Une tour à créneaux domine un rocher planté au milieu de la vallée et toute une petite ville s'est bâtie tout autour, sous sa protection. C'est Gemona, autrefois puissante et fière de ses franchises communales. J'y découvre une vieille église dont la façade, du XIIIe siècle, est toute ornée de naïves sculptures. Au-dessus de la porte, une Adoration des Mages candide, avec, à droite, les mages endormis, attendant le conseil de l'ange ; à gauche les mêmes apportent leurs présents et sont suivis

d'une escorte que l'imagier a résumée en un cheva
à trois têtes. Contre le mur, un saint Cristophe
ingénu, aussi haut que l'église, supporte, en s'ap-
puyant sur un jeune arbre, le poids de l'Enfant
sauveur du monde...

Les jardins de Gemona sont entourés de murs
à créneaux. Au premier aspect, il semble que ce
soit là des ouvrages de guerre hérissant la bourgade de petits camps retranchés, mais c'est un
usage ancien de toute la région et nos soucis
actuels n'y sont pour rien.

Plus loin à Venzone, soumise, comme Gemona,
sa rivale, au patriarche d'Aquilée, il y a encore
une belle église, avec un considérable trésor d'or-
fèvrerie, un hôtel de ville curieux du xvᵉ siècle et,
dans une pauvre maison, en face de celui-ci, apparaît la splendeur d'une triple fenêtre de ce délicieux
gothique vénitien, attestant encore la séduction
profonde qu'exerça, jusqu'ici, la cité fastueuse des
Doges.

A Moggio, nous quittons la vallée principale
pour remonter celle d'un affluent, la Fella. C'est
toujours la route de Vienne. La vallée est un peu plus
étroite et plus sauvage ; la neige vient maintenant
jusqu'aux fossés de la route. Elle accentue l'ossa-
ture des montagnes. Elle brille superbement, sur
les sommets, dès que se montre un peu le soleil.
Plus haut, elle oppose son implacable blancheur
aux rages des hommes. Elle couvre les chemins,
elle empêche les communications. Et pourtant,

dans sa blancheur, l'homme s'est quand même installé. A deux mille huit cents mètres, les alpins ont hissé de l'artillerie. Ils veillent ainsi aux portes de la patrie ; ils en écartent l'ennemi. Parfois, la neige se venge ; à certains jours, la tempête et l'avalanche font plus de victimes que la défense autrichienne. Dépasser Dogna, ce serait braver cette sournoise ennemie. Nous nous décidons à regagner la vallée du Tagliamento.

Il nous faut admirer encore l'activité qui règne dans toute cette région, l'esprit d'organisation et de prévoyance qui coordonne tous ces efforts. Incessamment, nous rencontrons des attelages traînant des planches et des bois ; ils vont vers les constructions de tous genres édifiées pour l'aménagement des services de guerre, pour l'abri des hommes, des chevaux et des mulets et du matériel ; des hauteurs, on reconnaît aux toits de tuiles rouges les bâtiments récents ; des routes ont été établies, d'autres élargies, des ponts ont été construits ; toute une transformation qui restera féconde, lorsque reviendra la paix, est ici le résultat de la guerre.

Les vielles maisons regardent tout cela de leurs yeux mornes, avec leurs toits en saillie, comme des visières ; les paysans, parmi lesquels on rencontre beaucoup de types blonds, aux yeux bleus, à figures larges analogues à ceux des vallées suisses, et qui parlent un dialecte mêlé de vénitien et de slave, sont un peu bousculés par cet affairement guerrier, mais ils lui restent sympathiques, car les enfants du Frioul se sont particulièrement bien battus.

Sur notre chemin, ou aux environs — on comprendra que je ne désigne pas plus clairement, — nous sommes reçus par des officiers supérieurs qui, avec un empressement courtois, nous expliquent, sur les cartes et sur le terrain, comment est organisée la défense de la vallée, comment elle comprend maintenant de l'artillerie lourde et de quelle façon se poursuit méthodiquement, malgré la formidable barrière des montagnes, l'attaque des positions autrichiennes.

Nous revenons par Tolmezzo et le lac de Cavazzo — merveilleux miroir dans les hauteurs, pareil aux plus beaux lacs sauvages de Suisse. A Osoppo, nous montons au vieux fort vénitien, si hardiment dressé au milieu de la vallée. De là-haut, à l'endroit où la tradition veut que Napoléon vînt s'asseoir pour étudier la contrée, on voit encore, minutieusement dessiné et en relief sur le gazon, tout un système de fortifications de terre, à la Vauban, qui est une leçon d'archéologie militaire.

En revenant vers Udine, je ne puis m'empêcher de m'émerveiller de ce luxe de précautions et de défenses prises, en ces dernières années, par l'Italie contre l'Autriche. Elle se gardait mieux vis-à-vis de son alliée que vis-à-vis de la France, son adversaire éventuelle. Et de l'autre côté des Alpes, l'Autriche aussi s'armait et se fortifiait en secret.

On s'en aperçoit aujourd'hui. Tant il est vrai que, comme l'a dit un de ses diplomates, l'Italie ne peut avoir à l'égard de l'Autriche que deux attitudes : l'alliance ou la guerre. Et encore, l'alliance n'a-t-elle jamais été qu'une façade provisoire, masquant mais n'effaçant pas les essentielles divergences des deux peuples.

Non loin du vieux fort vénitien, je découvre des touffes roses à ras du sol. Ce sont des bruyères en fleurs. Cela me semble si inattendu que je veux vérifier et en cueillir. Parmi celles que j'emporte, il en est de blanches. Chez nous, on dit qu'elles portent bonheur. Je le veux espérer et je dédie mentalement ce présage aux êtres qui me sont chers. Et je souhaite notamment à cette armée vaillante, que je viens de voir au labeur, je lui souhaite de poursuivre victorieusement, quand les neiges seront fondues, la route de Vienne...

XXXVIII

S. E. Luigi Cadorna a bien voulu, ayant appris ma présence sur le front italien, me convier à un entretien particulier. Les généraux commandants de corps d'armée ont grade d'Excellence. Ne voyez là qu'une de ces nuances de la politesse latine, facilitée par l'usage fréquent de s'adresser à un interlocuteur à la troisième personne, et non pas l'indice d'un cérémonial solennel. Il n'y a, dans l'accueil du généralissime, ni morgue ni prétention. Je retrouve chez lui cette même simplicité de manières, cette même cordialité affable et aisée qui m'avait frappé chez le général Porro. Je retrouve chez lui la même sympathie pour mon pays, la même familiarité confiante, la même franchise, et j'en suis à nouveau très touché.

Le général Cadorna a soixante-cinq ans. Les cheveux et la moustache sont blancs, mais l'œil est vif et la figure, un peu basanée, est encore très jeune. La taille est moyenne et trapue. Il donne une impression d'intelligence et de force. Il m'explique, avec bienveillance, sur la carte, la situation des armées. Il m'indique ce qu'il conviendrait de voir, sur le terrain, pour me permettre une appréciation éclairée des difficultés de la campagne. Il rappelle, sommairement et avec modestie, les résultats déjà acquis. Il parle avec sollicitude et bonté des troupes qui lui sont confiées. C'est un grand général, mais c'est surtout un brave homme.

Et je vérifie mon impression par l'impression que le général a laissée dans son entourage, chez ceux qui l'approchent quotidiennement, qui ont pu le voir à l'œuvre. Pendant ces quelques journées, j'interroge et j'écoute. Je n'ai pas entendu une seule critique, une seule réserve. Au contraire, je suis surpris de la déférence affectueuse, de l'espèce de vénération avec laquelle on parle de lui, quand il n'est pas là.

On a confiance. Et cette confiance dans le commandement supérieur est l'une des forces morales les plus précieuses que puisse posséder une armée. Cette foi dans la victoire, dont j'ai constaté chez les soldats tant de manifestations, vient, pour la plus grande partie, de sa confiance en son chef.

Le nom de Cadorna était déjà familier, avant la guerre, aux oreilles italiennes. Il est mêlé à l'histoire du Risorgimento. Carlo Cadorna, l'oncle du généralissime, fit partie du parlement piémontais de Charles-Albert, et fut un des plus chauds partisans de la guerre de libération qui connut à Novare un jour si funeste.

En 1855, il prit place dans le cabinet qui devait décider la seconde guerre de libération. Son frère Rafael, le père du général actuel, accomplit comme soldat le devoir que Carlo accomplissait comme homme d'Etat. Après Novare, il quitta son pays, pour faire, sous le général Saint-Arnaud, la guerre aux Kabyles d'Algérie, avec une bravoure qui lui valut la Légion d'honneur. En 1859, ministre de la guerre, il fit la campagne des Marches et d'Ombrie et fut victorieux à Ancône. En 1866, le gouvernement l'envoya vers Trieste, à la tête du 5e corps d'armée. Il s'avança jusqu'à Versa, dans le Frioul, où il mit en fuite les avant-gardes de l'ennemi. Ce fut l'armistice qui l'arrêta sur la route de Trieste. L'ordre du jour du général Cialdini disait : « Il est nécessaire d'occuper Trieste le plus tôt possible. » Cet ordre du jour, il appartenait au fils de celui auquel il avait été donné de le réaliser tout entier, après un demi-siècle.

On rapporte qu'un jour, le général Cadorna, montrant du doigt sur la carte l'endroit où s'était arrêté son père, dit : « Mon père est allé jusque là, » et il ajouta simplement, sans fanfaronnade, comme une chose décidée, en indiquant Trieste : « Et moi, je dois aller là ! »

C'est donc une tradition de famille qui le porte en avant. C'est la réalisation dans l'âge mûr des rêves de l'enfance et de la jeunesse. Toute son éducation s'est faite dans l'exaltation des images héroïques des campagnes auxquelles participait son père.

Toute sa préparation intellectuelle n'a pas eu

d'autre direction. Quand il sortit, vers 1868, sous-lieutenant d'état-major, de l'Académie militaire de Turin, il vit déjà sa route tracée, et à mesure qu'il conquérait successivement ses grades et enrichissait son expérience, sa mission lui apparaissait avec plus d'évidence. En 1915, sa réputation était telle que ce fut de l'assentiment universel qu'il fut appelé au commandement suprême. Et le fils reprit, sur les pas de son père, la route de Trieste.

Brave, naturellement. Un jour, au milieu des obus, ses officiers le conjuraient de se retirer. Il répondit avec tranquillité : « Mais ne savez-vous pas, messieurs, qu'une demi-heure d'observation sur le terrain vaut mieux qu'une journée d'étude sur la carte ? » Et il reprit ses jumelles, insouciant du danger.

Brave, mais prudent, surtout pour autrui. Aimant paternellement ses hommes, il ne se résoudrait jamais à les exposer et à les sacrifier sans nécessité, pour la satisfaction d'un succès éphémère. Modeste, il dédaigne les acclamations faciles et les gestes théâtraux ; et, de même, les critiques des impatients et des stratèges de café le laissent indifférent.

Génie organisateur, enfin. Les germanophiles qui se pâment à tout propos devant les merveilles de l'organisation allemande feraient bien d'aller quelques jours dans la zone de guerre ; ils s'apercevraient alors que l'intelligence latine sait aussi prévoir, discipliner et organiser. Il a été pourvu, notamment, à l'insuffisance du nombre des officiers et à l'absence d'artillerie lourde qui étaient, au début de la campagne, les faiblesses de l'armée italienne.

Il ne m'appartient pas, on le comprendra, de raconter les détails de ma conversation avec le général Cadorna. Il a bien voulu me recevoir en ami, et non pas en interviewer. Mais je crois pouvoir noter, sans indiscrétion, quelques impressions qui résultent de l'ensemble des renseignements qui m'ont été donnés dans son entourage. Si elles contiennent des erreurs, on voudra bien ne les reprocher qu'à moi.

On m'avait dit à Rome que certaines divergences de vues existaient entre le généralissime et le général Porro. Je les ai vus tous deux, longuement et séparément, et je puis affirmer que je n'ai constaté entre leurs manières de voir aucune différence.

On m'avait dit encore que les obstacles que rencontrait la fusion plus intime des efforts des nations alliées venaient principalement de l'état-major. C'est une seconde sottise à remiser dans la catégorie des cancans désuets. Toute l'armée comprend, au contraire, la nécessité de cette collaboration étroite, et la seule présence des généraux Cadorna et Porro à la conférence militaire de Paris montre tout le prix qu'ils y attachent. Bien plus, ils l'ont prouvé mieux que par des paroles, et la récente offensive d'artillerie sur tout le front italien avait pour but d'empêcher les Autrichiens de disposer de leurs troupes et de leurs canons pour soutenir les Allemands attaquant Verdun.

Combien de soldats autrichiens ont-ils ainsi immobilisés ? Il est évidemment malaisé de le calculer avec exactitude. Mais les évaluations les plus modérées comportent 300.000. Et ce nombre a varié. A certaines époques, il a atteint 600.000. N'oublions pas que le front italien s'étend sur 650 kilomètres. Il faut retenir que ce ne sont pas seulement des hommes, mais surtout des canons qui sont ainsi enlevés à la guerre européenne. Et parmi cette artillerie, il y a des canons allemands, de même que dans l'aviation autrichienne il y a des avions allemands, dans les troupes autrichiennes des soldats allemands. Ainsi, la guerre entre l'Allemagne et l'Italie, qu'on hésite à déclarer à Berlin et à Rome, on la fait sur le front, simplement et sans phrases, la logique des événements étant plus forte que les subtilités de la diplomatie.

XXXIX

Venise, 12 mars 1916.

« Ne vous préoccupez pas de mes yeux, mon frère, mais pensez plutôt à sauver, pour d'autres yeux, la Beauté du monde ! » Paroles augustes, qu'écrivait naguère Gabriele d'Annunzio, du lit où l'avait couché un accident d'aviation, à Maurice Barrès, s'inquiétant de son état. Une fois de plus, l'Animateur avait eu le bonheur d'exprimer magnifiquement l'un des aspects essentiels de la pensée italienne. C'est pour la beauté du monde que l'Italie combat et s'offre aux périls.

Vision de poète, dira la foule. Je crois pourtant que l'on ne comprendra rien à l'âme véritable de ce peuple si l'on n'y fait point une part plus grande que partout ailleurs, aux influences esthétiques. Tout un long passé l'a préparée au respect et au culte de la beauté et elle ne peut cesser d'y puiser des règles de vie, au milieu même de ses plus violentes agitations. Et les réalistes les plus prosaïques d'aujourd'hui ne peuvent pas, tout au moins, ignorer le formidable revenu annuel qu'assure à l'Italie la possession de ses trésors d'art.

De toutes les nations en guerre, l'Italie est celle qui a fait le plus vigilant effort pour protéger la beauté. Entrée après les autres dans la tourmente, avertie par l'expérience que la fureur de nos ennemis ne reculait devant aucun forfait, elle a pris toutes les précautions qui se pouvaient imaginer pour préserver ses merveilles.

Sous l'intelligente initiative de M. Corrado Ricci, directeur des antiquités et des beaux-arts, toute la région éventuellement menacée, de Venise à Brindisi, fut explorée dans le plus profond secret. On fit le choix des œuvres pour lesquelles une préservation semblait possible ; on étudia et on exécuta d'urgence les mesures les plus adéquates au but poursuivi. Ces travaux considérables furent terminés en quelques mois.

C'est à Venise surtout qu'on peut en mesurer l'ingéniosité et l'étendue. Venise, que ses innombrables et fastueux chefs-d'œuvre, auraient dû rendre sacrée et qu'ils désignaient, au contraire, à la rage dévastatrice des empires centraux. Un journal en délire, le *Münchner Nachrichten* n'a-t-il pas annoncé : « Tous les trésors d'art sont en péril dans presque toutes les régions d'Italie... L'Autriche est menacée par son ancienne alliée et ne peut, en vérité, en cette heure de destruction, avoir aucun égard pour les monuments du passé et les pleurnichements des esthètes sensibles. »

Venise est ainsi transformée. Elle a revêtu un uniforme de guerre. Elle se défend...

Le principe essentiel de cette défense est le sac de terre. Des accumulations de ces sacs constituent une protection excellente, tout au moins contre l'éclatement latéral des bombes, pour les peintures et les architectures délicates. Chaque fois que les œuvres d'art étaient transportables, elles ont été mises en lieu sûr. Dans certains endroits exposés à l'incendie, les charpentes ont été enduites de produits incombustibles ; des seaux de sable, des extincteurs ont été disposés de façon à pouvoir être utilisés au premier signal. Les clochetons dorés, les statues en éminence qui pouvaient servir de points de repère ont été peints de couleurs neutres ou voilées d'étoffes d'un gris bleu se confondant avec le ciel.

Le Palais des Doges a des aspects de forteresse. Il est flanqué de tourelles en briques sous lesquelles sont cachés les admirables groupes sculptés des angles : le *Jugement de Salomon*, l'*Ivresse de Noé*... Chaque arcade de la galerie voûtée du rez-de-chaussée est consolidée par un pilier de maçonnerie, et une disposition compliquée de madriers en bois soutient les délicates fenêtres gothiquees du premier étage. J'entre dans la cour ; le fameux puits, le magnifique escalier des Géants disparaissent sous des monceaux de sacs ; un gardien court derrière moi pour m'apprendre que tout est fermé. Il m'indique mystérieusement « l'écurie » des chevaux de bronze. Il s'agit des quatre chevaux antiques qui ornaient si superbement la façade de Saint-Marc. On les a descendus, enveloppés et cachés avec soin. Le peuple croit, à Venise, que lorsqu'ils remuent, un empire tombe ; et ce dicton, vérifié déjà dans le passé, va sans doute se vérifier encore.

Je pénètre dans l'église. Il y fait admirablement obscur. Quelques frêles veilleuses sont des points jaunes dans l'ombre... Un jour gris pénètre par les fenêtres byzantines, tout en haut, sous les coupoles d'or, et éclaire faiblement l'assemblée céleste des saints et des anges hiératiques, qui paraît ainsi étonnamment au-dessus de nos misères dans la nuit inférieure. Jamais la triple coupole, avec ses prestigieuses mosaïques, ne m'a semblé posséder un pareil mouvement d'ascension ; jamais l'immense église ne m'a donné pareille impression d'irréel infini. Un pas de pauvre glissant avec timidité sur les dalles, une prière murmurée devant la Madone, et puis c'est le silence, le silence total dans un rêve étrange.

Petit à petit, on finit par distinguer, entre la splendeur des mosaïques, des tas de sacs amoncelés, soutenus dans des cadres de bois, essai de protection des endroits les plus vulnérables ou les plus précieux. Mais il y a tant d'inestimables richesses pour lesquelles aucune préservation n'est possible ! Les voir ainsi exposées les rend plus émouvantes et plus belles. Et on les quitte en tremblant...

Pour la statue du Colleone, la loggitta du Campanile, les lions de l'arsenal, les monuments de S. Giovanni et Paolo, les tableaux du Tintoret à la

Scuola San Rocco, et bien d'autres encore, même tutelle attentive.

Venise se défend. Elle défend ses beautés. Elle défend aussi son âme. Intrépidement, car, plus que partout ailleurs, l'heure, ici, est dure. Je ne parle même pas de la menace permanente des avions ennemis qui y sont souvent venus, le jour et la nuit, et y laissèrent des victimes. Mais la misère est obsédante et contagieuse. Misère des gondoliers auprès des quais déserts, misère des marchands de bijoux, de verres et de bois sculptés, misère de tout le petit peuple que faisaient vivre les hôtels, les restaurants et les cafés ; tout est morne et désert.

Misères des hommes et misères des palais. Leurs volets fermés sont comme des yeux clos dans des visages de défunts : les plâtras tombés sont comme des plaies, les pierres disjointes et cassées comme des blessures que nul ne cherche plus à guérir. Mélancolie des cloches qui, aux quatre-vingts clochers de Venise, rythment le cours du temps dans le brouillard et la pluie. Et quand leur dernière vibration, pareille à un glas, s'assourdit dans l'espace, mélancolie de ce silence d'eau, coupé seulement des rumeurs de l'averse qui tombe et ruisselle, comme des murmures et des sanglots. Il semble que Venise pleure sur sa ruine.

Et jamais elle ne fut plus belle ! Jamais ses aspects ne furent plus harmonieusement pathétiques. Mais il s'en dégage une fascination troublante, un désir d'oubli et d'anéantissement...

Même contre ce charme perfide, Venise se défend. La plupart des habitants y sont restés, malgré les bombes des avions ennemis. Le petit peuple subit sa détresse et la menace aérienne avec un fatalisme résigné. M. Luzzatti, l'ancien président du Conseil, ne louait-il pas les Vénitiens, dans un discours récent, de ne pas distinguer entre les Allemands et les Autrichiens et de les désigner tous par un seul nom abhorré : Tedeschi ? Et je n'entends que paroles franches et nettes, déclarations énergiques, exemptes de toute subtilité romaine. Pourquoi n'a-t-on pas encore déclaré la guerre à l'Allemagne ? Pourquoi n'a-t-on pas envoyé au secours de Verdun nos troupes inoccupées ? Pourquoi n'a-t-on pas encore attaqué résolument l'adversaire ? Voilà ce que rugissent les « lions ».

Et c'est aussi ce que dit le poète. Gabriele d'Annunzio est soigné dans une maison rouge au bord du Grand Canal. J'y vais, naturellement, porter l'hommage de ma sympathie et de mon admiration. Et je suis reçu dans une chambre de malade, obscure et chaude à défaillir. Il est, dans le lit blanc, une forme moulée. La tête est entourée de bandelettes. Je ne vois point ses yeux, ni son visage. Mais il parle d'une voix qui caresse. Il répond à mes questions sur son état, me dit l'espoir qu'on a de lui conserver la vue, par une cure de repos prolongé ; le caractère pénible de l'inaction en ce moment ; puis, dédaignant de songer à lui davantage (ne vous préoccupez pas de mes yeux, mon frère !), il célèbre la guerre, l'action, le sacrifice des égoïsmes. Il dit des choses simples et profondes avec un lyrisme naturel ; dans sa nuit, sa méditation lui montre des évidences qu'il voyait moins bien à la clarté du jour; il a réussi à écrire sur des bouts de papier de petites phrases d'une ligne qu'on recopie ; ainsi fut rédigée une lettre qu'il vient adresser au président du Conseil pour le conjurer d'envoyer sans retard des troupes italiennes en France... L'épreuve sera longue et douloureuse encore, sans doute, mais il faut qu'elle soit ardente et belle, comme le Feu, et comme lui, purifiante...

XL

Rome, avril 1916.

Je me suis trouvé à Paris lors de la conférence qui réunit pour une délibération commune les représentants des nations alliées. Manifestement, les attentions du peuple de France et des autorités se dirigèrent vers MM. Sonnino, Salandra et Cadorna. Plus que les délégués de Belgique, de Serbie, d'Angleterre, de Russie, du Portugal ou du Japon, ils furent choyés et flattés. Tant de câlineries déguisaient un vague sentiment d'inquiétude ; il semblait qu'on appréhendait une réserve, une réticence. Seule de toutes ces nations, l'Italie n'était pas en guerre avec l'Allemagne. Cette situation n'allait-elle pas être l'occasion d'une divergence redoutable ?

Il n'en fut rien. Présidé avec une sorte de grâce nonchalante cachant une vigilance attentive par M. Briand, le Congrès fut unanime et les mandataires de l'Italie acceptèrent sans sourciller « l'unité d'action dans l'unité de front ».

On ne pouvait s'engager d'une façon plus claire et plus absolue. Si l'Allemagne, qui s'est fâchée pour moins avec le Portugal, avait répondu, le lendemain, par une déclaration de guerre à l'Italie, nul ne s'en serait étonné. L'Allemagne n'a rien dit et l'énigme reste entière. Qu'elle ne veuille pas déclarer une guerre qu'elle ne pourrait pas faire en réalité ; qu'elle garde l'espoir de diviser l'opinion italienne et les alliés, cela peut s'expliquer encore. Mais pourquoi l'Italie recule-t-elle devant les conséquences logiques de ses actes ? Et les défiances, un instant dissipées, renaissent.

Cette ambiguïté aura faussé toutes les appréciations depuis dix mois et aura empêché bien des gens d'avoir, pour la politique italienne, toute l'estime et l'admiration dont elle est digne. Tout son développement fut continu, net et loyal ; chaque fois que les événements lui ont posé une question, elle a répondu avec franchise ; et pourtant, son étrangeté laisse une inquiétude.

Mon impression est que cette inquiétude n'est pas légitime et qu'il faut chercher tout simplement l'explication du mystère dans des raisons de politique intérieure. Le ministère a voulu laisser agir le temps et la force des choses sur l'opinion italienne qui peut-être n'était pas mûre, dès le début, pour une guerre avec l'Allemagne. Le trouble qu'elle eût apporté dans certains rapports économiques eût pu renforcer les résistances neutralistes. Tandis que l'évidence croissante de la solidarité des alliés, de plus en plus comprise, imposera quelque jour la nécessité de sa conclusion, de même que mûrit un fruit.

Ainsi, peu à peu, on arrivera au but, dont la

précipitation eût peut-être éloigné. Ce qui reste singulier, c'est qu'on ait pu vivre près d'un an dans cette situation obscure et équivoque. Ce qui reste digne d'admiration, c'est que le peuple d'Italie — qu'on représente souvent comme mobile et inconstant, ait pu aussi longtemps faire preuve de patience et de discipline et qu'il ne donne aujourd'hui, après dix mois de guerre épuisante, aucun signe de défaillance ou de lassitude.

C'est qu'il lutte pour la liberté, pour sa liberté et celle de l'Europe, ainsi que l'a dit heureusement, dans son toast de Rome, M. Asquith, dont la visite, après celle de M. Briand, est une manifestation nouvelle de l'entente parfaite consacrée par la Conférence de Paris.

XLI

Rome, avril 1916.

Rome semble avoir composé son attitude morale à l'imitation de son climat. La lumière y es douce et brillante, mais elle n'a point, si ce n'est au cœur de l'été, cet étincellement aigu qui perce les yeux. La chaleur y reste supportable et ne harcèle point la chair comme un cautère, ainsi que le fait le soleil de Milan aussi bien que celui de Syracuse. C'est une ville modérée, qui ménage habilement ses effets méridionaux et qui rafraîchit à chaque coin de rue, d'une émouvante chanson de fontaine, les plus alanguissants midis de sirocco.

De même, le caractère romain est fait d'équilibre et de nonchalance. Il se possède et ne sort qu'avec sang-froid d'une élégante équanimité. De cette ville éternelle, les gens ont pris une leçon de patience. Ils ont le temps, rien ne les presse, et le soleil est assez beau pour qu'ils attendent les événements et les jours sans fièvre ni hâte.

Il y a moins d'étrangers au Corso, les marchands de guides, de cartes ou de photographies ne font plus d'affaires, les ruines sont restituées à leur glorieuse solitude, il pousse enfin de l'herbe entre les dalles usées de la Via Sacra ; voilà tout le changement. Dégagée de cette vie parasitaire, comme les proues retrouvées dans les sables qu'on débarrasse de leur gangue d'algues et de crustacés, Rome apparaît et vit, je ne dirai pas indifférente à la guerre, mais comme lointaine. Elle n'a point oublié son goût de plaisir et de parure. Elle n'a déserté aucun de ses rendez-vous favoris, ni abdiqué aucune de ses habitudes.

Les promenades de quatre heures, des marbres blancs de la place de Venise aux vieux arbres du jardin Borghèse, ont leurs interminables cortèges de voitures, lent défilé d'élégances soyeuses et de coquetteries, noires œillades, sous les paupières lourdes. Les crépuscules qui décapent les dômes bleus sur ce fond d'or uni, qu'on ne peut voir si chaud et si brillant, nulle part ailleurs qu'à Rome, ont leur cour habituelle d'admirations, accoudées aux balustrades des terrasses dans ces jardins du Pincio où la musique est à peine plus maigre que les autres années. Le peuple, devant Saint-Jean-de-Latran, au pied des vieux murs, n'a point perdu les flons-flons de ses fêtes dominicales ; la via Appia Nuova reste sonore des banquets coutumiers, rythmés de chansons et d'harmonicas, sous les eucalyptus ; et l'on se dispute les places sur les tramways qui mènent aux eaux de Tivoli ou aux lacs d'Albano. Pendant les jours de Pâques, la musique sacrée a, comme de coutume, élevé ses faisceaux de voix blanches sous les marbres de Saint-Pierre et les mosaïques de Saint-Jean, parmi l'indifférence distraite des assemblées mondaines. Dans l'ombre des cent petites églises où la conque des absides cuivrées retient mieux l'odeur de l'encens, on a, comme d'habitude, prié devant les calvaires fleuris de cierges; il n'y eut pas moins de gâteaux, incrustés de perles argentées comme des couronnes de rois d'opéra, portés pour le dîner pascal sur la tête des petits pâtissiers. Et cette dame, que voici sortir de chez elle, n'oublie pas de dire, en regardant la belle lune dans le ciel profond, que c'est vraiment « une soirée de Colisée », car ce n'est point la guerre qui empêchera cette sentimentale d'aller voir la lumière blanche accuser en plans irréels les ruines fantastiques de l'amphithéâtre.

Il y a, devant les glaces du café Aragno, plus de fièvre. Montecitorio est tout proche et la guerre n'a fait qu'aiguiser dans l'esprit romain une traditionnelle passion de la politique. Je ne dirai point que les tumultes de la Chambre ont pour les gens d'ici plus d'intérêt que les assauts du Stelvio ou du Col di Lana. Mais ils se complaisent dans l'atmosphère des couloirs, qui se prolonge en ce lieu de rendez-vous du Corso et, pendant qu'ils méditent sur la chute probable d'un ministère, ils ne gênent point de vaines critiques la constante et tenace offensive de Cadorna aux frontières alpestres. Et c'est toujours cela de gagné.

Mais si le tourisme international a presque tout à fait déserté Rome, on y rencontre bien des touristes forcés qui y font escale, en allant à Valona, à Corfou, à Salonique, ou en en revenant. Le bleu horizon d'une tunique française frôle le kaki britannique, le kaki serbe et le gris vert italien. Dans la foule amusée, ces taches d'uniformes sont un rappel de guerre qui collabore avec les éditions des journaux, hurlés par une ruée de gamins, avec les dernières affiches de l'Emprunt, qui achèvent leur vie aux murailles, pour empêcher la ville de Rome d'avoir l'air trop indifférent.

Car cette indifférence n'est qu'une attitude, qu'une façon d'être, une sorte de pudeur collective ; et chaque Romain, en particulier, porte la guerre dans son cœur. Les capitales ont, dans les déterminations d'un pays, une part majeure ; le mouvement populaire qui a brutalement affirmé, au soleil de mai, la volonté belliqueuse de l'Italie, eut, à Rome, plus d'intensité qu'ailleurs. Le peuple qui fit l'émeute devant Montecitorio, n'était pas un peuple insoucieux. L'esprit des régiments romains est excellent, dans les pires instants. Et le jour des Morts, en couvrant du haut en bas de fleurs et de couronnes les escaliers du monument Victor-Emmanuel que l'Italie a dressé au cœur de la ville comme l'autel de sa grandeur et de ses espoirs, le peuple de Rome a montré combien il chérissait ceux qui tombaient et de quelle ferveur il savait offrir à la Patrie ses sacrifices et son deuil. Mais ces sentiments, Rome entend ne point les trop extérioriser. Aux temps antiques, peut-être se montrait-elle plus rudement stoïque et d'un plus hautain héroïsme. Aujourd'hui elle se pare de sourires ; c'est sa façon présente de donner à l'Italie entière un grand exemple de fermeté et de résistance.

Toutefois il y a des scènes de la rue qui découvrent, comme un geste furtif, le tréfonds de l'âme de la ville. L'autre matin, dans le populeux quartier qui relie la Tour Saint-Ange ocre et rose, à Saint-Pierre, noir et blanc, une petite chanteuse avait groupé tout un cercle attentif. Derrière elle, deux dauphins mordorés de mousse dégorgeaient bruyamment des flots d'eau qui se brisaient en se croisant, avant de tomber en pluie dans une vasque. Les ménagères s'étaient arrêtées, au moment de laver leurs légumes ; quelques soldats flâneurs s'étaient joint à elles. Et la chanteuse, une Romaine brune, les cheveux enveloppés d'un mouchoir orange, jetait au milieu du groupe les notes de sa complainte aiguë. Sa voix comme une invisible tige d'acier vibrait dans le silence auquel on s'était accordé, et l'effort de ces couplets modulés semblait faire souffrir son visage. Ces mélopées empruntent au soleil et au registre élevé des voix méridionales je ne sais quelle perçante mélancolie. Mais ce n'était pas seulement dans le rythme musical ou dans la flexibilité de la voix que cette heure trouvait son pathétique ; c'était aussi dans le texte de la chanson. Une sévère rudesse de poème de geste sculptait ces vers pauvres et courts, où l'âme se montrait d'autant plus touchante qu'elle s'exprimait avec plus de maladresse. On y voyait le mobilisé quitter sa maison, pour rejoindre le régiment ; on y exhortait les mères

non piangete, madri d'Italia...

à soutenir l'épreuve avec courage, puisqu'elle était utile à l'Italie.

l'Italia da noi tant' amata ;

on y exaltait la vaillance des soldats qui suivant « *il bel tricolore* », s'en allaient, enflammés d'une haine sacrée :

Gli Austriaci dobbiam avvilir ;

et riches d'un beau devoir, puisqu'ils allaient rédimer

Trent' e Triest' da noi tant amate...

Tout le drame du patriotisme éclatait, là, dur et passionné. Toutes les voix chantaient d'accord. Et tous les yeux, fiévreux et pleins de larmes, nuançaient les expressions des âmes... Nul n'aurait pu entendre cette voix aiguë, ce rude poème, ce chœur indécis, près de ce murmure effrité de fontaine, sans comprendre combien cette guerre est sainte pour le peuple d'Italie — même pour celui qui vit à l'ombre de Saint-Pierre et de la tour Saint-Ange et de quel fervent esprit il l'accepte et la fait.

Eh oui ! Il y a, je le sais, l'aristocratie noire et

les « monsignori austriacanti ». Il y a, je le sais, le socialisme officiel et quelques financiers. Mais ce ne sont pas leurs opinions qui donnent à la ville cette apparence d'insouciance. C'est plutôt une séculaire discipline, une philosophie de vieille âme, derrière laquelle le cœur bat, sensible et fort, et la volonté se dresse, inflexible. Il suffit, pour s'en convaincre, d'entrer dans un hôpital comme celui que la France a donné à l'Italie et qui déplie le drapeau de la République à deux pas du Cimetière allemand (« Teutones in Pace ») ; il suffit, de s'arrêter au Transtévère ou au Ghetto, devant une petite chanteuse au foulard orange, qu'écoutent avidement des soldats et des femmes du peuple... On comprendra mieux alors l'âme romaine, pendant cette guerre ; et qui dit romaine n'exprime pas seulement une localisation géographique, mais une haute vertu de stoïcisme moral.

XLII

ANNIVERSAIRE

Rome, 24 mai 1916.

Rome est en fête. Ce mercredi, jour de semaine,
a la solennité d'un dimanche. Les magasins sont
fermés, les affaires suspendues. La foule encombre
les rues et les places publiques. Aux balcons et aux
fenêtres, les drapeaux flottent dans le vent. Les
joyeuses couleurs d'Italie, rouge, blanc, vert,
chantent au soleil. Des musiques passent dans la
brise, apportant des fragments d'hymnes patriotiques auxquels se mêle la *Marseillaise*. On se sent
entouré d'une volonté de vivre exaltée jusqu'à l'allégresse.

Quelqu'un qui n'aurait pas vécu les jours de
cette année et qui s'enquerrait des raisons de cette
animation ardente, serait sans doute fort étonné
d'apprendre que l'anniversaire ainsi célébré est
celui d'une déclaration de guerre, d'une guerre qui
a coûté à la nation de lourds sacrifices et de cruelles
souffrances, qui, bien longue et bien dure déjà, est
à peine plus avancée qu'à ses premiers jours, et
dont la pesante angoisse oppresse toutes les consciences. Une victoire seule pourrait expliquer
pareil enthousiasme et où est cette victoire?

Il en est une pourtant. C'est celle que le peuple

de Rome a remportée sur tous les hésitants, les calculateurs, les prudents, les timides, les égoïstes et les neutres. C'est celle que le bon sens clair de la nation a remportée sur tous ceux qui ne voyaient pas les nécessités de son avenir, qui ne comprenaient pas le danger que les prétentions germaniques à l'hégémonie du monde faisaient courir à l'Italie. C'est celle encore que les sentiments généreux ont remportée en poussant l'armée italienne dans les rangs de ceux qui luttent aujourd'hui, dans le plus grand conflit qu'ait connu l'histoire, pour le respect du droit et pour la liberté des peuples. Avoir pris cette décision-là, avoir fait l'unité de la nation dans cette direction-là, ce sont des événements qui justifient quelque orgueil, qui excusent quelque ivresse, qui méritent ces commémorations solennelles.

Et il y a de la noblesse à attester ainsi, après un an, un an terrible, au cœur même de la tourmente, qu'il n'est aucun regret, aucun fléchissement, aucune inquiétude et qu'on demeure opiniâtrément préparé aux sacrifices nécessaires, inflexiblement décidé à ne renoncer à la lutte qu'après la victoire.

Ce témoignage-là, Rome l'a donné, à Rome, à l'Italie, et au monde, avec une ampleur qui impose l'admiration. Cent mille personnes ont manifesté, de la place du Peuple à la place de Venise, leur acceptation joyeuse de la gravité de l'heure et leur foi dans le triomphe final. Et cette manifestation est d'autant plus significative qu'elle fut à peine préparée et organisée, en dehors de toute ingérence officielle, par un comité de délégués des diverses associations politiques locales. Dans ce désordre savoureux, la bonne humeur et la bonne volonté générales suffirent à instaurer une sorte de discipline.

Parmi les vivats et les ovations, sous les drapeaux flottants, ce cortège sans chefs arriva au pied de l'autel de la Patrie. Il disparaissait sous les fleurs. Il en était venu de partout, d'humbles et de magnifiques, et les grosses roses rouges, dans leur feuillage vert, sur les marbres blancs, rappelaient à leur tour le tricolore national partout prodigué. Il en était venu, détail intéressant, des hôpitaux et des ambulances : ceux qui y souffraient avaient tenu à fleurir de couronnes l'image de la patrie pour laquelle ils avaient offert leur vie.

Vers le soir, cette foule parvint au Capitole. Le soleil se couchait dans sa pourpre embrasée et mettait une splendeur dorée sur les vieux murs, les statues de marbre, les tapisseries anciennes suspendues aux balcons, les verdures des pins orgueilleux, sur Marc-Aurèle qui semblait bénir du haut de son cheval, sur la mer humaine mouvante où scintillait de temps en temps un reflet sur un casque, où éclatait la chemise rouge d'un garibaldien. Sur les larges gradins qui vont au Capitole, sur la longue échelle qui monte à l'Aracoeli, dans les rues adjacentes, sans fin, la cohue. Sur les balcons et sur les toits, sur les monuments et sur les tours, et partout, des spectateurs innombrables apparaissaient, en silhouettes noires sur la gloire du couchant. C'était le même soleil qui avait éclairé dans ce même décor, tous les moments capitaux de l'histoire du monde, et les grands souvenirs montaient de toutes parts. Ils excitaient les espérances nouvelles et le peuple de Rome se voulait égal à ses ancêtres.

Les martinets innombrables, à la veille du repos nocturne, tournoyaient, avec des cris aigus et des vols rapides entrelacés, dans le ciel de cendre rose. Bien au-dessus d'eux, et donnant une impression de puissance par l'orbe sûr de sa course, un aéroplane parut, tandis qu'une étoile pâle s'allumait, plus haut encore.... Soir pathétique et formidable, où la voix des orateurs exprimant la pensée unanime, où les musiques jouant l'Hymne Royal, où les vieilles pierres elles-mêmes, et l'air glorieux, et la grosse cloche — la Patarina — qui ne sonne qu'aux heures suprêmes, où tout disait la majesté du moment, l'ardent espoir de ce peuple assemblé, la résolution d'accepter la Douleur pour mériter la Victoire.

XLIII

DEUILS

Rome, juin 1916.

J'apprends ici, coup sur coup, la fin tragique et soudaine d'Émile Royer et d'Émile Waxweiler. Quelle tristesse ! Et comme je sens plus douloureusement l'exil qui ne me permet même pas d'assister à leurs funérailles, d'aller porter à ceux qu'ils laissent les consolations de mon amitié !

Et je revois ces jours de septembre 1914, où nous étions réunis sur la plage du Zoute à quelques-uns qui avions pressenti l'extension et la durée de la guerre et auxquels il était apparu, comme un devoir, de s'expatrier pour aller défendre la Belgique par le monde. Nous en avions longuement causé, nous nous étions loyalement interrogés. Fallait-il rester ? Fallait-il partir ? J'atteste ici que aucun de nous ne considéra un instant le souci des convenances personnelles, la possibilité des périls à trouver sous le joug allemand.

Une seule question nous obsédait : comment pourrions-nous le plus efficacement contribuer à la défense de la patrie ? Rentrer, c'était aliéner toute indépendance, et ceux qui étaient restés suffisaient aux œuvres d'assistance. Partir, c'était combattre encore, par la plume et par la parole, et la Belgique allait avoir besoin sans doute de tels missionnaires, puisque son aventure apparaissait, dès ce moment, le critérium moral le plus expressif de cette mêlée des nations. Une fois le devoir discerné, nous acceptâmes, d'un cœur intrépide, les risques qui y étaient inclus, les sacrifices qu'il imposait, les critiques des malveillants et des incompréhensifs. Modeste Terwagne partit pour la Hollande, Émile Brunet pour Paris, Royer pour Londres, Waxweiler pour la Suisse. On dira quelque jour le bien qu'ils ont fait à nos compatriotes et à la cause des Alliés, comment, par leurs soins attentifs, par leur totale abnégation, la pure flamme de l'amour de la patrie fut conservée éclairante et splendide.

Royer, à Londres, s'occupa de nos soldats et spécialement des réformés, des réfugiés pauvres et spécialement des dentellières. Il fut le collaborateur régulier de l'*Indépendance belge* et publia une brochure sur les *Socialistes belges et allemands*.

Quand sa tâche lui parut terminée, il vint à Paris diriger l'*Heure belge* et s'apprêtait à partir pour l'Amérique du Sud lorsque, brusquement, une maladie de cœur, aggravée par les émotions de ces années terribles, l'emporta.

Waxweiler, en Suisse, publia cette admirable défense de la *Belgique neutre et loyale* qui fut un coup si décisif pour les calomnies allemandes et qui eut pour nous l'importance d'une bataille gagnée. Il revint, au Havre et à Londres, pour préparer, avec sa compétence spéciale, l'enquête de notre situation économique d'après guerre, et c'est à Londres qu'un stupide accident d'automobile anéantit en un instant les espoirs magnifiques qu'il représentait pour nous.

Amis chers ! Victimes civiles de la guerre, vous qui, pour le salut commun, vous vous êtes offertes, comme les volontaires de l'armée s'offrent aux périls des combats, dans le même esprit de sacrifice patriotique, permettez à l'un de vos compagnons de pleurer un peu, en exaltant votre souvenir, avant de reprendre la route que vous aviez tracée.

XLIV

LA FRANCE A ROME

Rome, juin 1916.

C'était une de mes joies d'exil de rencontrer des Français. Quelque prévenant que fût l'accueil italien, j'étais heureux, à certains jours, d'entendre, autour de moi, le doux parler de France dont Richepin a pu dire en le comparant à un glaive :

> Et donc, en le conservant
> Droit à notre poing fervent,
> Contre les assauts du vent
> Qui vient de la nuit profonde,
> Nous continuons, joyeux,
> La bataille des aïeux
> Toujours morts, l'orgueil aux yeux,
> Pour la liberté du monde.

On sent mieux, à l'étranger, et même chez l'étranger ami, la communauté immémoriale que crée la langue maternelle ; et tous ceux qui la parlent vous sont, aux époques de tourmente, chers et bienvenus, quelque éloignés qu'ils puissent être, en réalité, par les goûts ou les tendances d'esprit. Il m'est ainsi arrivé de me rencontrer, avec une sympathie préconçue, uniquement parce qu'ils étaient Français, avec des gens qu'en temps normal, j'aurais traités en indifférents ou même en adversaires. Il y a dans ce que l'on a appelé l'union sacrée quelque chose de plus qu'une simple consigne politique.

Les milieux où l'on pouvait se retrouver ainsi dans la famille française étaient principalement l'Ambassade et la Villa Medici. On sait que l'Ambassade est installée dans l'admirable Palais Farnèse, un des édifices les plus majestueux de la Renaissance, dont la façade aux fleurs de lys porte la griffe souveraine de Michel-Ange. Dans la cour, un bronze de Rodin. Au plafond de la galerie du premier étage, les fresques célèbres des Carrache. Tous les jeudis, en des appartements somptueux, Mme Barrère y recevait des amis. On voyait peu M. Barrère, toujours très absorbé, mais on faisait cercle autour de Mgr Duchesne, l'académicien directeur de l'École historique (École de Rome), établie au second étage, et qui, ces jours-là, descendait de son cabinet de travail pour présider les réunions. Ce prélat, à l'air paterne, souriant et malicieux, était une fontaine de mots d'esprit, parfois singulièrement irrévérencieux, que les belles dames de sa cour recueillaient avec dévotion.

L'Académie de France était un milieu non moins somptueux, mais un peu moins solennel. Son directeur, le peintre Albert Besnard, malgré son deuil (son fils aîné tué à l'ennemi), acceptait la charge de représenter un peu la France que lui imposait sa haute situation. Parfois, dans l'atelier du maître, on allait admirer les portraits, qu'il venait de terminer, du pape Benoît XV et du cardi-

nal Mercier. La guerre avait réclamé les pension-
naires, et il ne restait plus, dans les ateliers, que
deux sculpteurs de talent : Mlle Heuvelmans et
M. Lejeune. Les jardins étaient un lieu délicieux
pour les promenades et les causeries. Des buis
taillés à hauteur d'homme, y tracent des chemins
paisibles autour des fontaines et parmi les fleurs.
Silhouettés sur les nobles fonds de la Villa Borghèse, de vénérables pins parasols, encadrant une
statue de déesse, confèrent au paysage cette auguste
beauté que les grands arbres donnent au décor
romain. Enfin, sur la hauteur, le « bosco », épais
taillis de chênes verts, tordus et pittoresques, attire
par son ombre toujours fraîche, séjour enchanté de
nymphes et de songes, par lequel on accède, comme
à un temple antique, à un belvédère rond dont on
découvre le panorama émouvant de la Ville Éternelle...

Le Palais du comte Joseph Napoléon Primoli
était un autre des endroits où se rencontrait la société française de Rome. Dans les vastes salons
ornés d'objets d'art et de souvenirs napoléoniens,
et surtout dans l'admirable et vaste bibliothèque, à
l'étrange éclairage discret et doux, se retrouvaient
là, tous les mardis, à l'heure du thé, les membres de
la colonie française, les étrangers francophiles de
passage à Rome, et quelques Italiens amis de la
France, comme la princesse G. Borghese, Belge de
naissance, qui venait de publier un roman charmant :
Un petit Belge, ou le Florentin Carlo Placci, au

masque de Savonarole, l'homme le mieux informé de toute la péninsule...Une cordialité franche, animait les conversations. Et pour rendre la réunion agréable, se prodiguait, avec vigilance et tact, la bonne grâce accueillante de l'hôte, empressé, vif et vert, malgré le crâne chauve et la barbe blanche. On y avait aussitôt une impression de « chez soi », et je n'ai pas connu de maisons à l'atmosphère aussi complètement italienne et française à la fois.

Pendant ces mois, Verdun fut l'axe de toutes les pensées. On acceptait avec vaillance les sacrifices inévitables, mais combien ils étaient douloureux pourtant ! Et comme chacun se sentait, chaque jour, atteint ou menacé, dans un parent, un ami, dans ces chers soldats de France qui succombaient en brisant les assauts de l'ennemi !

Ce fut ainsi, dans ces salons, ou dans les hôtels où ils étaient descendus, que je rencontrai Paul Claudel, l'auteur de l'*Annonce à Marie* et des *Trois poèmes de guerre* dont le talent mystique ne fait pas prévoir l'aspect sain, vigoureux, tenace et l'aptitude à scruter les questions commerciales ; Victor Bucaille, le président de la Jeunesse catholique de France, dont on a un bon livre, un peu tendancieux, sur l'Italie d'aujourd'hui ; Louis Bertrand, l'auteur du *Saint Augustin* et autres volumes méditerranéens, arrivant d'Espagne pour continuer son rêve d'unité latine, et que la violence de ses opinions hostiles à la République laïque gênait parfois lorsqu'il fallait défendre la France ; Marcel

Cachin, le jeune et brillant député socialiste, venu pour poursuivre son essai de Parlement interallié, que les Italiens avaient de suite joliment baptisé *Parliamentino*; André Maurel, créateur heureux du snobisme des *Petites villes d'Italie*; Jean Ajalbert, Julien Luchaire, le directeur de l'Institut de Florence et le fondateur de la *Revue des nations latines*; Jean Cruppi, l'ancien ministre; des dames aussi, la citoyenne Sorgue qui visitait les milieux révolutionnaires et féministes, et Mme Aurel, l'auteur du *Couple* et de la *Semaine d'Amour*, qui exposait devant des auditoires élégants, des idées généreuses en forme subtile, et, naturellement, Jean Carrère, méridional exubérant et bon enfant, auquel la correspondance du *Temps* assurait le prestige et l'influence indéterminée du grand journalisme parisien.

La mission militaire formait une société plus fermée, de travailleurs assidus. N'ayant pu s'installer commodément au Palais Farnèse, elle avait loué des bureaux dans le Corso. L'heure du dîner la réunissait dans un modeste restaurant; et plus d'une fois, à une table présidée par le colonel François, je m'assis au milieu des lieutenants et des capitaines qui, dans la vie civile, avaient été des membres du gouvernement ou du Parlement, comme MM. Bénard, Garat, Méjan, ou des professeurs, des ingénieurs. Là encore, là surtout, aussitôt les présentations faites, sous l'empire de nos préoccupations communes, une véritable camaraderie s'établissait pour de réconfortants entretiéns.

Personnages divers, gens de Lorraine ou de Gascogne, gens de Normandie ou de Provence, comme vous me fûtes chers en ces temps néfastes, puisque vous évoquiez la France, plus passionnément aimée à l'heure du péril et de l'angoisse.

XLV

Rome, 28 juin 1916.

Je sors de la séance de la Chambre.

C'était l'affluence des grands jours, naturellement. Tout ministère nouveau a de ces baptêmes où les félicitations des amis et les espoirs des partisans imposent pour quelque temps silence, devant une galerie curieuse, aux amertumes des évincés, aux ambitions personnelles déçues, aux sourires ironiques des adversaires.

Pourtant, il y a eu, dans l'accueil fait au ministère Boselli, plus de roses que d'épines. Les succès du Trentin lui ont fait une atmosphère d'allégresse. De plus le nouveau cabinet n'est pas, à proprement parler, la consécration de la victoire d'un parti sur un autre. M. Salandra, s'apercevant qu'il n'avait plus, personnellement, la confiance de la majorité, s'en est allé fort galamment, et ceux qu'il a entraînés dans sa chute se sont inclinés de bonne grâce. On a même vu M. Daneo dire, en excellents termes, aux journaux de Paris la signification et la portée de la crise et présenter des vœux bien tournés à ses successeurs.

C'est que, si M. Salandra s'en va, la politique essentielle de M. Salandra — la guerre — reste.

On ne saurait mieux s'en convaincre qu'en constatant la présence, dans le nouveau cabinet, de M. Sonnino, ministre des Affaires étrangères, de MM. Orlando et Carcano, et du ministre de la Guerre. C'est l'affirmation, vis-à-vis du pays et vis-à-vis de l'Europe, de la continuité absolue de la politique italienne.

On s'est en général mépris, à l'étranger, sur le caractère de cette crise ministérielle, lorsqu'on y a vu un retour de l'opposition neutraliste favorisé par les inquiétudes qu'à ses débuts l'offensive autrichienne dans le Trentin avait pu provoquer.

D'abord, il n'y a eu ici aucune angoisse. Des gens qui connaissent mal le peuple italien et qui ne lui font pas la confiance qu'il mérite (et il y en a même en Italie), avaient, je le sais bien, accrédité l'opinion que ce peuple, prompt à l'enthousiasme, serait aussi prompt à la lassitude et au découragement. Or, il a montré, depuis un an, avec quelle ténacité vaillante il supporte l'épreuve, et à l'heure actuelle, aucun indice de fléchissement ne peut être relevé. En outre, il a prouvé tout récemment encore qu'il pouvait accueillir d'un cœur ferme, l'annonce d'un revers, et la magnifique manifestation anniversaire de Rome s'est produite à un moment où l'on savait que les nouvelles n'étaient pas brillantes.

Ensuite, il n'y a plus d'opposition neutraliste qui compte. A part les socialistes officiels qui restent des opposants irréductibles et manifestent leur mécontentement, avec plus de bruit que d'arguments (et ils sont à peine le dixième de la Chambre), presque tous les députés ont accepté le fait accompli. Il reste des divergences, assurément, sur le point rétrospectif de savoir si on devait ou non intervenir dans la guerre européenne, mais ces controverses appartiennent au passé. Le présent, c'est la guerre ; et chacun comprend que l'essentiel, maintenant, est d'y triompher.

On veut la victoire. Tout le monde la veut et tout le monde désire y contribuer. Et c'est précisément pour ne pas avoir mieux compris ce désir, pour avoir voulu continuer dans l'isolement, sans contact parlementaire, la guerre qu'il avait eu l'honneur de commencer dans l'isolement, que M. Salandra est tombé. Entre la Chambre et lui, ce malentendu existait depuis trois mois.

Aujourd'hui qu'il est avéré, on appelle le vénérable M. Boselli dont on n'a pas oublié le rapport chaleureux à la veille de la déclaration de guerre, et l'on groupe autour de lui toutes les énergies et toutes les bonnes volontés, *pour la guerre et pour la victoire*. On conserve, de l'ancien cabinet, les membres non atteints par le vote de la Chambre, et un ministère national est ainsi formé.

On y voit le leader des socialistes réformistes, M. Léonida Bissolati, député de Rome, à côté du leader des catholiques, M. Meda, député de Milan. Et il suffit de rappeler l'éloquent et fraternel salut aux armées françaises devant Verdun, du premier, et la vigoureuse protestation contre les députés du centre allemand voulant annexer la Belgique, du second, pour démontrer qu'il ne s'agit point de faire machine en arrière.

Au contraire ! L'Italie est notre alliée. Elle l'a bien prouvé par son adhésion au pacte de Londres, par sa présence à la Conférence de Paris. Elle le prouvera encore, plus énergiquement, plus nettement que jamais, par les actes du cabinet Boselli, qui vient de proclamer la volonté d'une politique d'action, en collaboration intime et quotidienne avec les Alliés jusqu'au triomphe définitif. Telle est la signification des acclamations d'aujourd'hui et de l'accueil enthousiaste qu'on a réservé aux déclarations du nouveau ministère.

XLVI

FÉERIE FLORALE SUR LA COLLINE TOSCANE

Florence, 16 juillet.

Dans ce centre un peu tiède de Florence, où il semble que les énergies guerrières soient épuisées par une ancienne culture trop raffinée, nous avons célébré la fête nationale française avec quelque éclat. Discours d'orateurs belges et portugais (M. Magalhaes Lima, l'ancien ministre, à l'éloquence romantique et fleurie) et exaltant devant une foule italienne, la grande journée révolutionnaire que le Paris de 1789 voulut dédier à la liberté du monde. Discours, sous la présidence du maire, dans la grande salle des 500, au palais Vieux, d'orateurs italiens, français et belges pour célébrer la France, encore en lutte aujourd'hui pour la liberté du monde, et la bataille de la Marne et celle devant Verdun, et l'aurore de la victoire qui se lève enfin frémissante au-dessus des succès russes, anglais, français et italiens. Les cœurs étaient gonflés d'espoirs et les âmes palpitantes...

Mais, après tant de tumultes joyeux, je m'accorde le plaisir exquis de quelques sensations d'art précieuses. Je vais à Settignagno, chez mon ami B. Berenson qui a réuni, dans un cadre d'un goût parfait, de rares tableaux du xve siècle et des objets uniques d'Extrême-Orient. Il est peu de musées nationaux ou princiers qui puissent donner des impressions aussi fortes et aussi choisies. Et l'on termine la visite admirative à laquelle on s'arrache avec regrets, par une excursion à une villa des environs. La demeure est abandonnée, mais les jardins tout autour sont en fête comme si une reine allait y arriver. Allées sombres de grands cyprès austères et bosco touffu de chênes verts aux branches tordues et sinueuses comme des serpents, encadrent des parterres dans lesquels des chemins de galets multicolores font des mosaïques d'arabesques autour des buis taillés, dessinés en lignes souples vers une petite fontaine centrale, où murmure un jet d'eau. Et partout, c'est, à profusion, des fleurs magnifiques épanouies dans le soleil : lauriers-roses à fleurs roses, blanches et rouges, formant de grands bouquets alternés, et des roses et des glaïeuls ; vers le fond du jardin, les cyprès, taillés en un mur de verdure sombre, avec les niches pour les statues souriantes, sont plantés en demi-lune, comme pour former un théâtre, une sorte de salle de réception où l'on s'attend à voir apparaître de belles dames en jupe de satin. De chaque côté, une balustrade définit la colline et ouvre un horizon illimité de montagnes nobles et paisibles, au sein desquelles s'endort Florence dans les vapeurs d'or du crépuscule

Vraiment, on se sent oppressé de tant de beauté si accomplie, de tant de sérénité dans la fête des fleurs, des arbres, et de la nature, si absolument étrangère à nos tourments présents, de tant de joies pures pour les yeux et l'esprit, si parfaitement inutiles, puisque la villa est déserte et qu'il faut un hasard pour y amener un visiteur distrait.

*

XLVII

COURONNES DE CHÊNE ET DE LAURIER

Rome, 25 juillet.

L'Italie en guerre sait exalter ses grands citoyens. Elle a pour eux des tendresses et des élans dans l'éloge et dans la reconnaissance qui sont émouvants et touchent profondément l'opinion publique.

L'autre jour, à la première réunion du nouveau ministère, le président du Conseil, M. Boselli, a tenu à attacher lui-même sur la poitrine de son collègue socialiste, M. Leonida Bissolati, la médaille militaire gagnée en combattant parmi les alpins. Et rappelant les campagnes que Bissolati avait poursuivies pour l'intervention et la stoïque façon dont il avait tenu à les sanctionner par l'offre de sa vie, M. Boselli, au cours de cette cérémonie intime, simple et touchante, eut ces paroles : « Exalter la guerre est de la poésie lyrique ; combattre énergiquement pour la Patrie est de l'épique réalité. » Et, certes, rien ne peut donner à un ministre d'aujourd'hui un prestige plus grand que cette médaille d'argent !

Dans un cadre plus grandiose et avec une solennité plus considérable, on a remis de même, peu de temps après, cette médaille des braves à Gabriele d'Annunzio.

Ce fut à Venise, sur la place Saint-Marc, devant les troupes et les drapeaux, aux accents des fanfares militaires et des clameurs des sirènes de la flotte. Guéri des blessures qui avaient été la conséquence d'un accident d'aviation, acclamé par cette ville qu'il a si prodigieusement célébrée, le poète reçut la médaille militaire.

Les voilà donc rapprochés par la souffrance et par la bravoure, l'écrivain et l'homme politique qu'avait déjà rapprochés l'amour de la patrie. Certes, d'autres soldats ont pareillement accompli des exploits et mérité des récompenses ; si je parle de celles-ci spécialement, c'est parce que trop souvent le public sceptique conteste aux hommes publics la sincérité ; on croit aisément que le poète n'est vaillant que dans ses vers et le député dans ses discours ; il est réconfortant de constater que certains d'entre eux, au moins, comprennent que les paroles exigent des actes et qu'on n'affirme totalement une opinion qu'en risquant sa vie pour elle.

Pareils sacrifices émeuvent ici le fond des cœurs. En ce moment, toute la nation frémit au souvenir de Cesare Battisti. J'ai connu, au cours des campagnes interventistes, le député de Trente et j'ai pu apprécier son éloquence véhémente et passionnée, et l'ascendant qu'il exerçait sur les foules. Mais aucun de ses discours n'aura produit un sentiment plus ardent que les récits de sa mort. Battisti avait voulu, lui aussi, prendre du service dans l'armée italienne et poursuivre ainsi les luttes oratoires qu'il avait menées au Parlement de Vienne en faveur des Italiens du Trentin. Fait prisonnier dans les récents combats, transporté mourant à Trente, il y a été l'objet d'un simulacre de jugement et pendu.

Pendre un mourant, pendre un prisonnier désarmé, cela paraît invraisemblable tellement c'est monstrueux. Mais c'est bien dans la tradition de l'implacable et féroce Autriche.

Aussi, l'indignation a été unanime. Partout des manifestations se sont organisées en l'honneur du martyr.

Des discours l'ont célébré, et celui de Turati, au Conseil communal de Milan, a, malgré le neutralisme systématique du socialisme officiel, rendu au compagnon tombé, au patriote héroïque, l'hommage qu'il fallait.

Dans toutes les grandes villes, on a baptisé les rues du nom de Cesare Battisti, et les souscriptions affluent pour le monument qui lui sera érigé à Trente, dans Trente délivrée. Sa fin tragique aura contribué à stimuler l'effort pour cette délivrance qui fut le but de sa vie. Couronnés de chêne et couronnes de laurier se suspendront à son piédestal, et le nom du député socialiste — car il était de ces socialistes qui croient au devoir de libérer les opprimés — est devenu, en quelques jours, glorieux parmi ceux des héros de l'Italie nouvelle.

Un aviateur audacieux est allé déjà survoler Trente et a laissé tomber, à l'endroit du supplice, une lourde couronne aux trois couleurs. C'est la première d'une série innombrable, mais avec quelle élégante crânerie elle fut jetée dès maintenant, au milieu des batailles !

XLVIII

VERS LA RUPTURE AVEC L'ALLEMAGNE

Rome, juillet 1916.

Cette fois, il semble bien que nous devions sortir prochainement de la situation ambiguë qui a fait tant de tort à l'Italie dans l'opinion publique alliée. L'Allemagne s'est tout à coup décidée à traiter les sujets italiens en ennemis ; non seulement, elle leur interdit de sortir des frontières de l'empire ou de la Belgique, mais elle refuse de continuer à leur payer ce qui peut leur être dû. Ce sont encore les pauvres qui vont être victimes de ces mesures : tous les ouvriers, blessés ou mutilés par des accidents de travail, seront privés des pensions sur lesquelles ils comptaient pour vivre.

Ces décisions ont causé une vive irritation en Italie. La presse les a commentées avec indignation, ce qui semble démontrer une orientation nouvelle de la censure : jusqu'ici, il n'était pas permis de parler de l'Allemagne avec cette liberté. Le gouvernement, de son côté, a étendu aux alliés de l'Autriche, les dispositions prises vis-à-vis des sujets autrichiens. Ce n'est pas encore la guerre ouverte, mais nous en sommes aussi près que possible.

Les partisans de la guerre à l'Allemagne, la Ligue antitudesque du professeur Bosai, les associations internationales de Milan et de Rome, ont profité de l'occasion pour accentuer leur propagande. Dans les discours du meeting de Milan, c'est encore l'argument belge qui fut surtout invoqué. L'un des orateurs a rappelé que Sonnino aurait dit dès le début au prince de Bulow : « Evacuez la Belgique et nous discuterons ! » Pareil propos m'avait été rapporté déjà, mais je n'avais pu en avoir la confirmation. S'il est vérifié, il sera tout à l'honneur de Sonnino qui aura, ce jour-là, merveilleusement interprété le sentiment italien, et nous devrons, nous, Belges, à ce ministre et à cette nation une reconnaissance infinie.

Outre les manifestations oratoires, les journaux ont, dans des articles plus ou moins pressants, réclamé des paroles nettes et définitives.

Notons pourtant que cette agitation reste sans profondeur et sans fièvre. C'est ce que ceux qui souhaitent la guerre à l'Allemagne comme ceux qui voudraient l'éviter, sentent, les uns et les autres, que l'événement est actuellement en dehors de l'action des volontés humaines, qu'il est désormais accompli et que sa déclaration, rapide ou lente, est sans influence sur les faits acquis. Tous les liens qui existaient entre l'Italie et l'Allemagne se sont peu à peu brisés et l'on ne voit pas en quoi la situation serait modifiée le jour où l'état de guerre serait officiellement proclamé.

Tout au moins, on ne le voit pas ici ; mais ceux qui reviennent de l'étranger nous rapportent tous que l'absence de déclaration de guerre à l'Allemagne contribue à entourer de méfiance et d'inquiétude l'appréciation de l'effort italien.

Le ministère Boselli-Bissolati, lorsqu'il s'est formé, paraissait décidé à déclarer la guerre à l'Allemagne : qu'il ne le fasse pas, maintenant que l'opinion accueillerait sans émotion cet acte nécessaire, cela paraît étrange. Il y a là, décidément, un mystère, mais je reste persuadé que nous pouvons attendre avec tranquillité son explication.

XLIX

LA VICTOIRE CHANTE DANS LA NUIT

Milan, 10 août 1916.

Je n'étais pas venu à Milan pour y faire des discours ; oh ! non ! Depuis Florence où nous fêtâmes dans les acclamations toscanes, le 14 Juillet de France, je me sentais brisé par une lourde fatigue et j'étais venu chercher quelque repos au nord du lac Majeur !

Paysages pacifiants aux horizons immenses et doux, salutaires pour les nerfs fatigués comme des baumes pour les blessures, il est peu d'endroits du monde si lénifiants et si charmants par leur sérénité. Les blessés de la guerre qui dans les hôtels-hôpitaux de Pallanza ont remplacé les touristes flaneurs, en vantent tous les vertus curatives et les attraits où toute souffrance s'endort !

Et ces beaux soirs de Baveno, avec les montagnes grises et mauves sur l'azur de cendre, les derniers rayons orangés sur les maisons blanches de Pallanza, si blanches dans la splendeur sombre des verdures, et l'air tout chargé des parfums des chèvre-feuilles en fleurs, des lauriers-roses, des héliotropes expirant leur petite âme vanillée, et des œillets poivrés ! Et ce silence, ce silence d'eau, avec la rumeur du flot qui clapote et se brise sur les galets roulés, la chute rythmée de deux rames lointaines, ou la chanson plus sonore sur l'onde, d'un barcaïolo dans le noir. Oh! la douceur, la douceur guérissante de tout cela, apaisante comme une caresse tendre, comme un bercement maternel. Et j'avais trop besoin vraiment de ces prévenances de la nature solitaire pour songer aux agitations des villes.

J'avais dû pourtant aller à Milan à la rencontre d'amis. Et déjà, pendant le trajet, j'avais perçu les frémissements d'une fièvre joyeuse. On s'interrogeait, sans oser affirmer encore, sur des nouvelles meilleures que les excellentes nouvelles des jours précédents. L'offensive heureuse de Monfalcone, la conquête du Sabotino n'étaient que des signes annonciateurs. Les uns prétendaient savoir et risquaient des détails précis, d'autres doutaient et n'osaient pas croire à tant de bonheur. C'était « le bruit qui court », la rumeur qui précipite, avec une rapidité de prodige, la transmission orale, la bonne nouvelle qui se chuchote, qui se pressent, qui s'espère avant de devenir la certitude avisée par le communiqué officiel.

En arrivant à Milan, je ne savais encore rien de précis. La ville était toute plongée dans l'obscurité opaque qui la protège contre les méfaits des bandits de l'air. Mais dans le noir, on devinait la foule, de même que l'on sentait par instants la palpitation des drapeaux invisibles.

Au centre de la cité, devant les Galeries Victor-

Emmanuel, un triple rang de policiers et de carabiniers était dressé, silencieux. On les pressentait à leur immobilité régulière, à l'éclair d'un rayon sur un métal de l'uniforme. Ils étaient là, comme en les nuits d'émeute où le cœur tressaille.

L'ordre pourtant n'était point troublé et les manifestations obéissaient spontanément au sentiment unanime de la foule, mêlée et multiforme des bourgeois et des ouvriers, des vieillards et des enfants, des jeunes gens et des femmes, tous pareils dans l'ombre, tous entrevus un instant et puis, de nouveau, désindividualisés dans l'être collectif. Dans certains cafés-restaurants, des orchestres jouaient des airs patriotiques, la *Marche Royale* ou la *Marseillaise* et les applaudissements trépidaient et se répercutaient sous la voute vitrée, pareils à une averse soudaine et frénétique. Peu de cris, pas de fanfaronnade, pas une insulte aux vaincus, de la joie seulement, mais de la joie d'une qualité spéciale, de la joie avec de la finesse et de la dignité...

Comment, dans toute cette ombre, ai-je pu être reconnu ? On crie : *Viva il Belgio*, et j'en ai le cœur remué, mais il faut croire que le cœur de cette foule a été remué d'un choc identique, car le cri se répète, s'enfle et se multiplie, et me voilà supplié de parler, poussé, traîné, hissé sur les gradins de l'escalier qui accède au Dôme.

L'étonnant monument aux mille pinacles gothiques, hausse des clochetons dans le ciel nocturne. Je suis devant la porte de bronze dédiée à la Vierge naissante et la voûte est infinie avec ses innombrables étoiles. La place en quelques instants est remplie ; c'est un océan de têtes où des étendards, çà et là, sont piqués comme des mâtures.

Il faut parler, parler dans cette ombre émouvante.

Et je parle. Non, je chante. Ce n'est pas un discours comme tant d'autres que j'ai voulu. A celui-ci, je suis étranger. Je n'ai pas pensé ce que j'ai dit. Ma voix m'était une surprise. Et les phrases se succédaient dans une sorte d'enthousiasme sacré : c'était la foule qui avait pris ma voix pour chanter sa victoire !

Impression étrange. Ne plus être soi. Etre comme le condensateur des énergies sentimentales d'une multitude et s'abandonner ingénu au lyrisme qui est en elle.

Et je chante la France admirable, la Russie relevée de ses ruines, l'Angleterre lente à se préparer, mais révélant aujourd'hui sa force irréductible, l'Italie qui vient de conquérir « sa » Gorizia. On achète à présent, l'espérance et la joie pour un sou, à chaque coin de rue ; tout journal est un tonique ardent. L'aube se lève enfin, des réparations et de la justice...

Mais à ce moment ma voix ne suffit plus, elle est dépassée par celle de la foule qui y ajoute un hommage prodigieux pour la Belgique...

Ah ! les braves gens, les braves gens ! Dans

cette nuit auguste, ce n'est pas seulement à leur victoire qu'ils songent, mais leur générosité délicate leur fait penser surtout à la détresse des faibles et à la punition des barbares. Toute l'âme magnifique du peuple italien est là.

L

26 août 1916.

L'Italie vient de notifier à l'Allemagne qu'elle se considérait en état de guerre vis-à-vis d'elle à dater du 28 août. Ainsi s'achève dans la logique et la clarté ne permettant plus aucune suspicion ni inquiétude, la déclaration de guerre de mai 1915.

TABLE DES MATIÈRES

MACON, PROTAT FRÈRES, IMPRIMEURS

MACON, PROTAT FRÈRES, IMPRIMEURS